_____ 님의 소중한 미래를 위해
이 책을 드립니다.

KB067085

작지만 강력한
초등 습관의 재발견

초등학생의 변화는 어떻게 이루어지는가

작지만 강력한
초등 습관의
재발견

김수현·한기석 지음

메이트북스

메이트북스 우리는 책이 독자를 위한 것임을 잊지 않는다.
우리는 독자의 꿈을 사랑하고,
그 꿈이 실현될 수 있는 도구를 세상에 내놓는다.

작지만 강력한 초등 습관의 재발견

초판 1쇄 발행 2020년 6월 1일 **| 초판 3쇄 발행** 2023년 7월 15일 **| 지은이** 김수현·한기석
펴낸곳 ㈜원앤원콘텐츠그룹 **| 펴낸이** 강현규·정영훈
책임편집 안정연 **| 편집** 박은지·남수정 **| 디자인** 최선희
마케팅 김형진·이선미·정채훈 **| 경영지원** 최향숙
등록번호 제301-2006-001호 **| 등록일자** 2013년 5월 24일
주소 04607 서울시 중구 다산로 139 랜더스빌딩 5층 **| 전화** (02)2234-7117
팩스 (02)2234-1086 **| 홈페이지** www.matebooks.co.kr **| 이메일** khg0109@hanmail.net
값 15,000원 **| ISBN** 979-11-6002-283-4 03370

잘못 만들어진 책은 구입하신 서점에서 교환해 드립니다.
이 책을 무단 복사·복제·전재하는 것은 저작권법에 저촉됩니다.

이 도서의 국립중앙도서관 출판시도서목록(CIP)은 e-CIP홈페이지(http://www.nl.go.kr/ecip)에서
이용하실 수 있습니다.(CIP제어번호 : CIP2020017730)

습관은 인간 생활의 위대한 안내자이다.

· 데이비드 흄(영국의 철학자) ·

"어쩌다 우리 아이가
느림보 이미지가 되었나요?"

어느 해 2월이었습니다. 매년 2월은 학년의 끝자락이라서 아이들과 교사는 헤어짐을 준비해야 하는 시간입니다. 지난 1년 동안 미운 정, 고운 정이 듬뿍 들어버린 우리의 귀한 인연입니다.

아쉬운 헤어짐을 그냥 그대로 둘 수 없겠지요. 이 마음을 서로에게 기록으로 남기기로 했습니다. 그래서 저희 부부가 교사로서 선택한 방법은 바로 '롤링페이퍼'였습니다.

우선 책상을 동그랗게 배치합니다. 교사는 모두에게 동일하게 1분 정도의 시간을 줍니다. 아이들은 페이퍼에 적힌 주인공에게 메시지를 남깁니다. 1분여가 지나고 교사의 지시가 있으면 페이퍼를 오른쪽으로 넘기지요. 그리고 또 새로운 페이퍼의 주인공에게 내 마음을 남깁니다.

나의 짤막하고 사소한 끄적임이 그 페이퍼의 주인공에겐 평생의 기억으로 남을 수 있다는 것을 시작 전에 아이들에게 강조합니다. 내 손끝으로 탄생되는 모든 것은 결코 사소할 수 없으며,

그렇기 때문에 각별히 조심해야 한다고 일러주지요.

이윽고 페이퍼가 한 바퀴를 다 돌아 다시 나에게 도착했습니다. 아이들은 빨리 페이퍼에 적힌 내용을 읽고 싶은 마음에 눈이 동그래집니다. 아무렴요. 누군가에게서 편지를 받는 기분은 언제나 기대감 가득입니다. 자신의 페이퍼를 읽느라 잠시 교실이 조용해졌습니다.

그런데 얼마 지나지 않아 한 아이가 울음을 터뜨렸습니다. 아이는 자신의 페이퍼를 구겨버립니다. 책상에 엎드려 몹시도 서럽게 흐느껴 우는 아이. 분명히 아이는 페이퍼를 읽고 기분이 상한 것입니다.

곧장 아이에게로 가서 아이의 페이퍼를 살펴보았습니다. 사이좋게 지내자는 이야기, 그동안 고마웠다는 이야기, 새 학년 되어서도 같은 반이 되면 좋겠다는 이야기들이 주류를 이루는 가운데, 눈에 띄는 서너 개의 메시지가 있었습니다.

- ○○야, 새 학년 되어서는 일찍 일어나고, 일찍 학교에 와. 그러다가 너 정말 느림보 거북이가 될지도 몰라. 새 학년이 되면 나랑 더 친하게 지내자.
- 맞아 맞아~ 너는 자꾸 늦게 오더라. 새 학년 되어서는 그러지 마. 1년 동안 고마웠어!

아이는 '느림보' 이미지로 적힌 몇 개의 메시지에 적잖이 속이 상했을 겁니다. 하지만 그 메시지를 적은 친구들은 그 아이를 향해 절대 나쁜 의도를 품은 것이 아니었습니다. 진정하고도 솔직한 조언을 조심스레 적어본 것이었지요.

아이는 평소에, 이르면 8시 55분, 대개는 9시 1교시 시작 종소리와 함께 교실 문을 열고 들어왔었습니다. 더러는 1교시 시작 종이 치고도 5분여를 넘겨서 교실에 입실하는 경우도 많았습니다. 대부분의 아이들이 8시 50분이면 입실해서 자신의 좌석에 착석까지 완료하니, 그 아이는 등교시간이 분명 늦은 편이긴 했습니다.

1교시 시작종이 친 후에야 등교하는 아이의 모습은 옷차림 등이 대부분 단정치 못했습니다. 아마도 잠자리에서 일어나자마자 최소한의 준비만을 마치고 학교에 온 듯했습니다. 좀더 적극적인 도움이 필요해 보여 부모님과 전화 상담을 했습니다.

> • **맞아요… 우리 아이가 참… 아침에 일찍 일어나는 습관이 안 잡혀 있어서요.**

부모님도 충분히 인지하고 있었지만 이미 깊숙이 자리잡아버린 습관을 고치기는 힘들다고 고백했습니다. 결국 바로잡아주지 못한 아이의 습관은 학년 말이 되자 아이를 눈물짓게 했습니다.

냉정하게 들릴지 모르지만 느림보 이미지는 친구들이 부여한 것이 아닙니다. 스스로 만든 것이지요. 정확히 말하면 아이의 '습관'이 만든 것입니다.

많은 학부모님들이 자녀에 대한 크고 작은 문제들로 상담을 합니다. 교직생활을 여러 해 하는 동안 느낀 것은 그 모든 크고 작은 문제들은 모두 '습관'의 문제로 귀결된다는 것입니다. 또한 저희들이 솔루션으로 제시해드리고, 지향하는 대부분의 내용들이 모두 바른 '습관'의 형성으로 통한다는 것도 알게 되었습니다.

사소한 습관 하나하나가 모여 자기주도성을 발휘하는 발판이 됩니다. 그래서 이제는 '초등 아이들의 습관'에 주목해보기로 합니다. 이 책이 초등학생 아이들에게 몸과 마음의 바른 습관을 들여주는 길잡이가 될 수 있을 것이라고 확신합니다.

이 책에는 습관을 형성하는 구체적인 지도법과 더불어, 좋은 습관을 길들일 때 아이들에게 들려주기 좋은 이야기들이 매 챕터마다 덧붙여져 있습니다. 모두 저희 부부가 교실에 있는 아이들에게, 또 저희 두 딸에게 들려준 적이 있는 이야기들입니다.

아이를 무릎에 앉혀놓고 옛날이야기 들려주듯, 이 이야기들을 들려주세요. 아이들에게 직접 육성으로 혹은 필통쪽지로, 잠자리에서 들려주는 하루 마무리 대화로, 또 아이들에게 이따금씩 보내는 문자 메시지로 활용하면 큰 도움이 되리라 생각됩니다. 엄마, 아빠의 이야기를 아이들이 얼마나 좋아하는지 꼭 한번 느껴보시길 바랍니다.

부디 이 책이 여러분과 자녀 사이의 아름다운 관계를 더욱 견고히 해줄 수 있기를 간절히 소망합니다.

서울 정수초 교사
김수현

부모가 물려줄 최고의 유산은
좋은 습관입니다!

좋은 선생님이 되겠다는 마음을 다지며 시작한 교직생활이
어느덧 20년이 되었습니다. 대선배님들에 비하면 부족한 경력이
지만, 후배 선생님들을 만나면 "나 때는 말이야…" 하며 말할 수
있는 것들이 꽤 많아졌습니다. 그 20년이라는 시간 동안 열과 성
을 다했던 가르침과 배움들을 돌아봅니다.

제가 아이들을 바라보며 채웠던 시간들은 결국 '삶에 대한 바
른 자세, 좋은 습관'을 길러주기 위한 것이었다고 생각합니다. 초
등교육은 중고등학교 교육처럼 입시교육이 아니고 서열을 매기
는 시험을 치지도 않습니다. 초등학교에서 배우는 여러 가지 단
순 지식들은 어차피 중고등학교에 가서 다시 자세히 배울 것입니
다. 단순 지식을 가르치고 그것들을 외웠는지 까먹었는지 테스트
하는 것은 초등교육에서 큰 의미는 없다고 생각합니다.

초등교육에서 아이들에게 반드시 가르쳐야 할 것은 배움을
대하는 태도, 수업시간에 경청하는 습관, 자신을 사랑할 줄 아는

습관, 자신의 욕구를 조절할 줄 아는 능력 등입니다.

실제로 제가 가르쳤던 제자들을 만나 옛 시절을 이야기해봐도 저에게 무엇을 배웠는지는 구체적으로 기억하지 못합니다. 저에게 혼났던 순간, 제가 사랑을 쏟아주었던 순간처럼 강하게 인상이 남았던 무형의 것들을 어렴풋이 기억하고 있었습니다. 저에게 받은 에너지와 삶을 대하는 자세를 배움으로 간직하고 있었습니다. 그렇게 초등학교에서 생활 습관, 공부 습관을 바로 잡아주는 것은 교사가 꼭 해주어야 할 역할이라 확신합니다.

그렇다면 부모가 사랑하는 자녀에게 물려주어야 할 것은 무엇일까요? 현금 자산과 부동산 등 '금수저'를 물려주어야 할까요? 그렇지 않습니다. 부모가 자녀에게 정작 물려주어야 할 가장 중요한 것은 바로 좋은 습관입니다. 건강한 생활을 위한 습관, 긍정적인 삶을 살아갈 수 있는 생각 습관 말입니다. 사랑하는 자녀가 좋은 습관을 가질 수 있도록 이 책이 부모님들에게 도움이 되기를 바랍니다.

　누구나 습관을 가지고 있습니다. 어른도, 아이도 누구나 좋은 습관과 좋지 않은 습관을 가지고 있습니다. 좋은 습관은 많을수록 좋고 나쁜 습관은 당연히 적을수록 좋겠지요.

　나쁜 습관은 고쳐야 하지만 자신이 스스로 알아차리고 고치기는 어렵습니다. 그 이유는 자신을 객관적으로 바라보기 쉽지 않고 나에게 익숙해져서 무의식적으로 행동하기 때문이지요.

　만약 절친한 누군가가 나에게 나쁜 습관이 있다고 알려준다고 생각해봅시다. 좋은 방향으로 고치는 것이 좋겠다고 나에게 얘기해줍니다. 이 말을 듣는다면 가장 먼저 어떤 생각이 들까요?

　저라면 일단 부끄럽고 민망함을 느낄 것 같습니다. 그리고 반발하는 마음이 들 것 같습니다. 머리로는 습관을 고쳐야 함을 이해하겠지만 가슴으로는 쉽게 받아들여지지 않을 것 같습니다. '지금까지 별 탈 없이 나름대로 잘 살아왔는데'라는 생각이 들면서 마음속에 방어기제가 발동할 것 같습니다. 자기애가 강하고 자존감이 높은 사람이라면 더욱 그런 생각이 들겠지요.

　그렇다면 아이들에게 습관을 고치라고 말해주면 어떻게 느낄까요? 부모님이나 선생님이 "○○야, 그런 행동은 나쁜 습관이에요. 같이 노력해서 고쳐봐요"라는 말을 해주면 아이는 어떤 마음이 들까요? '네, 제가 나쁜 습관이 있었네요. 고쳐 보겠습니다'라는 마음이 들까요? 아이라고 해서 어른과 다르게 고분고분하게 습관을 고쳐야겠다는 생각이 들까요?

나쁜 습관을 고치라고 얘기해주고 조언하는 것, "좋은 습관을 들여보자"라고 제안하는 것은 신중하게 접근해야 할 문제입니다. 그래서 먼저 마음을 열고 솔직하게 대화를 하면서 자발적인 마음이 움직이도록 해야 합니다. 인격체로 존중해주며, 거부감이 들지 않도록 해야 합니다.

아이들은 눈치가 빠릅니다. 습관을 고쳐보자는 말을 하지 않더라도 부모님의 의도를 아이들은 금세 눈치챕니다. 자녀가 반발하는 마음이 들면 마음의 벽을 세우거나 반항을 하며 오히려 역효과가 날 수 있습니다. 이 책을 통해서 지혜로운 해답을 찾기를 바랍니다.

서울 충무초 교사
한기석

C·O·N·T·E·N·T·S

1장
이제는 초등 아이의 습관에
주목해야 할 때

2장
바르게 세우는
우리 아이 '생각' 습관

3장
이쁘게 여미는
우리 아이 '언어' 습관

4장
탄탄하게 다지는
우리 아이 '공부' 습관

1장

이제는
초등 아이의
습관에
주목해야 할 때

잔소리가 필요한 아이 vs. 잔소리가 필요 없는 아이

Q 옆집 아이는 말해주지 않아도 스스로 잘하는데, 저희 아이는 열 번을 말해야 겨우 한 번 실천으로 옮깁니다. 도대체 무엇이 문제일까요?

- -

A 자기주도적인 아이는 스스로 자신의 시간을 쓸 줄 압니다. 그렇지 않은 아이는 열 번, 스무 번을 말해주어도 실행으로 옮겨야 할 마음가짐이 부족합니다. 그래서 가장 중요한 것은 습관입니다. 아이의 일상 생활 습관에 주목해야 할 때입니다.

환하게 교실 전등이 켜졌습니다. 창문을 열어 환기를 시켜봅니다. 이제 이 교실에서의 하루가 시작됩니다. 교사용 컴퓨터를 켜고 메신저를 열어 오늘 하루의 특별한 공지사항이 있는지를 확인하다 보면, 곧이어 교실로 향하는 아이들의 발걸음 소리가 들립니다.

아이들은 뒷문으로 들어와서 선생님과 인사를 나눈 뒤 자신의 자리에 앉습니다. 가방 속에 선생님에게 제출해야 할 가정통신문 회신문이 있는지 확인하고, 일기쓰기 숙제가 있었던 날에는 일기장도 꺼내어 교탁 위 바구니에 놓습니다. 그리고 책 한 권을 꺼냅니다. 친구들이 속속 교실에 도착하면 간단한 인사도 나눕니다. 그리고는 이내 자리에 앉아서 책을 읽습니다. 아침독서로 차분히 하루를 시작하게 되지요.

이것이 우리 반의 아침 루틴입니다. 루틴이 몸에 익은 대부분의 아이들은 당연히, 아무런 거부감 없이 이러한 아침 풍경을 누릴 줄 압니다. 그런데 안타깝게도 모두에게 이 루틴이 유효하지는 않습니다. 다시 말해, 이 루틴은 모두에게 가능한 것은 아닙니다. 이 루틴이 불가능한 아이들에게는 몇 가지 특징이 있습니다.

첫째, 등교시간이 비교적 늦습니다. 시작 시간을 지키는 것은 모든 것의 기본 예의입니다. 그런데 1교시가 시작되는 9시에 거의 딱 맞춰서 등교하거나 더러는 9시를 넘겨서 등교하기도 합니다. 등교시간이 늦다 보니 다른 친구들의 아침 루틴을 보고 배울 기회도 현저히 적어집니다. 다른 친구들이 어떻게 아침을 보내는지 잘 알지 못하게 되지요. 그러다 보니 가끔 일찍 등교하는 날에 아이는 무엇을 어떻게 해야 하는지 모르고 우왕좌왕하는 상황이 생겨나는 것입니다.

둘째, '학습된 무기력'을 가지고 있거나 반대로 '과잉 에너지'를 분출합니다. 두 경우 모두 적당한 정도의 워밍업이 되어 있지 않은 상태입니다. 막 잠자리를 박차고 일어나 겨우 학교에 온 것 같은 모습이거나, 아직 잠에서 덜 깬 모습, 때로는 아침을 걸러 기운이 없어 보이기도 하고, 배고픔을 호소하기도 합니다. 워밍업이 적당히 되어 있지 않으니 자연스러운 루틴 형성이 힘들 수밖에 없습니다.

매일 아침마다 그 기복이 꽤 크다 보니 아침 루틴을 몸에 익히기가 결코 쉽지 않습니다. 루틴이 자리잡힌 아이는 기복 없이 하루를 시작하는, 반면에, 그 아이는 그 날 아침의 기분이 좋은지 나쁜지에 그 하루가 결정됩니다. 어느 날엔 쉽지만 어느 날엔 쉽지 않습니다.

이런 아이들은 교사의 세심한 지도가 필요합니다. 해야 할 일을 시시때때로 아주 구체적으로 알려주어야 합니다.

- 자리에 와서 가방 내려놓고 앉으세요.
- 선생님에게 내야 할 현장학습신청서를 가져왔는지 확인하고 바구니에 내주세요.
- 일기장도 노란 바구니에 놔주세요.
- 읽을 책을 꺼내세요.

놀랍게도 매일 같은 말을 지속적으로 해주어야 합니다. 아이는 "네"라고 곧장 대답하지만 이내 그 내용을 잊어버리기 때문입니다. 일기장을 제출하라는 선생님의 말에 일기장을 꺼내려고 가방을 열고는 금세 잊고 다른 행동을 하는 횟수도 굉장히 잦습니다. 이럴 때 교사는 아이에게 다시 한 번 세심히 말해주어야 합니다. "일기장은 노란 바구니에 놔주세요"라고요.

문제는 여기서 발생합니다. 비슷한 내용의 멘트를 반복적으로 하게 되면 그 멘트의 가치는 곧 '잔소리'로 전락하고 맙니다. 한 번이면 충분했을 말을 쓸데없이 자질구레하게 늘어놓는 모양이 되어버리기 때문이지요. 때에 따라서는 필요 이상으로 듣기 싫게 참견하는 형상이 되고 맙니다.

이런 이야기를 반복적으로 말해주어야 하는 교사의 고충이 더 클까요? 아니면 비슷한 이야기를 반복적으로 들어야만 하는 아이의 고충이 더 클까요? 아마 엇비슷할 것입니다. 듣는 아이의 고충도 말해야 하는 교사의 고충만큼 비슷하게 크다는 말입니다.

안타깝게도 아침 루틴을 익히지 못한 아이는 그 대가로 고스란히 그 고충을 감내해야만 합니다. 잔소리를 듣는 일이 후회스러운 일인 것을 알면서도 아이는 똑같이 실수를 반복합니다.

한편 학부모 상담을 해보면 반복적으로 잔소리를 하는 사람, 다시 말해 부모님의 힘든 고충도 고스란히 느껴집니다. 부모님이 아이에게 열 번은 말해야 겨우 한 번 들을까 말까 하다는 것입니다. 아이의 입에서 "네"라는 대답은 들리는데 도무지 그 대답이 진심 어린 말이 아닌 것 같다고도 하십니다.

우리 아이에게 진중함이 부족한 것인지, 아니면 집중력이 부족해서 산만한 것인지, 경청하는 습관이 형성되지 않은 것인지 답답하다고 호소하기도 하십니다. 그렇다고 학교나 학원에서의 아이 성적은 그다지 나쁘지 않은 편이라 한편으로는 안심이 되기도 하지만 기본적인 습관의 부재, 그 원인이 대체 무엇인지 궁금하다고 답답함을 토로하기도 합니다.

이제 아이들의 습관 형성에 주목할 때

교실 속 아침 풍경은 빙산의 일각일 뿐입니다. 하루를 사는 동안, 한 마디의 잔소리도 필요 없을 만큼 자신의 루틴을 탄탄하게 가지고 있는 아이들이 분명 있습니다. 그 아이들을 우리는 주로 '자기 주도적'인 아이라고 부르기도 합니다. 스스로 시간을 누릴 줄 알기 때문이지요. 아직 어린아이지만 그 나이 나름대로 자신의 시간을 다스릴 줄 압니다.

그 반대로 20분 동안의 짧은 시간 중에도 꽤 많은 잔소리가 지속적으로 필요한 아이가 있습니다. 시간의 소중함도, 그 시간을 제대로 누릴 줄 아는 힘도 아직은 역부족입니다. 이 둘의 차이는 어디에서 그 근본을 찾을 수 있을까요?

그것은 바로 '습관'에 있습니다. 그래서 이제 우리는 아이들의 습관 형성에 보다 주목해야 합니다. 작고 사소하고 가벼운 습관 하나의 차이가 장차 아이의 자기주도성을 판가름합니다.

아이들은 어떤 꿈을 꾸며 어떤 미래를 그릴까요? 우리 아이는 미래에 대해 아무런 계획도, 생각도 없는 것 같다고요? 그렇지 않습니다. 아이들의 꿈 만들기는 바로 지금부터가 시작입니다. 그렇기 때문에 당장의 영어 학원 레벨테스트 점수나 받아쓰기 성적표보다 중요한 것은 올바른 습관을 익혀 내 것으로 만드는 것입니다.

아이들은 어제와 다른 모습으로 조금씩 자라는 존재입니다. 이때 아이들이 변화하는 방향은 각기 다릅니다. 지금이야말로 바른 습관을 형성하는데 있어서 가장 중요한 시기입니다. 방향 설정에 영향을 미칠 수 있는 것이 바로 습관이기 때문입니다.

혹시 이 책을 읽는 분들 중에서 우리 아이의 잘못된 습관을 돌이키기에 너무 늦은 것은 아닌지 조바심이 생기는 경우도 있을지 모르겠습니다. 그렇다면 너무 과하게 걱정하지 말고 그저 훌훌 털어버리는 것이 좋겠다고 덧붙이고 싶습니다. 이 세상의 어떤 분야든 기초와 기반을 다지기에 가장 좋은 시기는 바로 지금, 우리 아이들이 지나고 있는 지금이라는 것을 결코 잊지 마시기 바랍니다. 성공은 이미 지금부터 시작되었습니다.

우리 아이에게 오늘 해줄 말

"우리 ○○는 어제보다 오늘, 그리고 오늘보다 내일
조금씩 꾸준히 자라는 튼튼한 나무란다.
우리 ○○ 나무가 바른 방향으로,
튼튼히 자랄 수 있도록 많이 도와줄게!
지금 이 순간에도 자라고 있는 ○○를 응원해!"

습관에 길들여지면,
그 습관은 굉장한 관성을 갖는다

Q 양말을 아무 데나 벗어놓는 것은 나쁜 습관이라고 수도 없이 강조하며 가르쳤습니다. 그런데 아이는 아직도 그 나쁜 버릇을 떨쳐버리지 못하고 있어요. 자꾸만 같은 실수가 반복되니 아이에게 화가 납니다. 왜 우리 아이는 나쁜 습관에서 벗어나지 못하는 걸까요?

A 나쁜 습관을 단번에 끊어내는 것은 불가능에 가깝습니다. 습관에는 관성이 있기 때문입니다. 좋은 습관을 유지하는 것이 힘든 만큼, 나쁜 습관을 버리는 것도 힘들기 마련입니다. 부모님의 장기적인 안목이 필요합니다.

'습관'이 왜 생기는 것인지 생각해본 적이 있으신가요? 습관은 왜 생겨나는 것일까요? 단순하게 생각해보면 그 답은 의외로 간단합니다.

습관이 생기게 되면 우리는 여러모로 편합니다. 다시 말해서 마음에 안정감을 가져다주고 우리를 편안하게 만들어줍니다. 이 편한 것을 우리 몸과 마음이 절대 놓칠 리 없습니다. 좋고 편한 건 우리 몸이 먼저 반응하기 마련입니다.

한 가지 예를 들어보겠습니다. 집에서 마트까지 가는 길이 A, B, C, 3가지 정도 있다고 해봅시다. 또한 3가지 길 모두 마트까지 가는데 걸리는 시간과 노력은 비슷하다고 가정해보기로 합니다.

우리는 평소에 자동차를 타고 A길로 마트에 다녔습니다. 그렇다면 마트에 갈 때에는 A길로 운전해서 다니는 습관이 자연스레 형성되었을 겁니다. 이렇게 A길을 운전 하며 갈 때에는 마음이 편안할 수밖에 없습니다. 불편할 리가 없습니다. 아마도 우리는 음악을 듣거나, 누군가와 대화를 자유롭게 나누며 마트에 갈 것입니다. 어쩌면 운전을 하다가 집에 두고 온 장바구니가 생각날 수도 있겠지요?

그런데 변수가 생겼습니다. A길이 공사 중이라서 어쩔 수 없이 B나 C길로 갈 수밖에 없는 상황에 놓인 겁니다. 물론 개인의 운전 실력에 따라 얼마간의 차이는 있겠지만, 어느 누구도 예상하지 못한 일에 조금은 긴장하게 될 것입니다. 어느 길로 가든 익숙했던 A길보다는 결코 편하지 않겠지요. 알게 모르게 꽤 많은 에너지를 운전하는 것에 쏟아야 할 것입니다. 운전에 집중하느라 집에 두고 온 장바구니도 마트에 도착해서야 생각날 수 있습니다.

과학자들도 이와 비슷한 이야기를 합니다. 우리 몸과 마음에 자리잡은 습관은 우리의 뇌에 달콤한 휴식을 가져다준다고 말입니다. 뇌가 휴식할 수 있다는 것은 우리가 스트레스 상황 '밖'에 안전하게 놓인다는 것을 의미합니다. 스트레스가 아닌 상황에서 우리의 뇌는 완전히 쉴 수 있기 때문이지요. 적기에 푹 쉬고, 적기에 열심히 일해야 효율적으로 일하는 뇌가 됩니다.

우리가 한번 어떤 습관에 길들여지면 그 습관은 놀랍도록 굉장한 '관성'을 가지게 됩니다(물리학에서 관성은 물체가 상태를 지속하려는 성질을 말합니다. 일반적으로 질량이 커지면 관성도 커지게 됩니다). 더욱 편한 쪽으로 몸과 마음이 기우는 것은 당연한 일입니다. 우리의 뇌도 당연히 효율적으로 일하고 싶을 테니까요. '세 살 버릇 여든까지 간다'는 속담이 괜히 있는 것이 아닙니다. 습관의 관성은 여든까지도 지속됩니다.

그래서 우리는 습관이 가지고 있는 이 관성을 결코 무시해서는 안 됩니다. 습관이 가지고 있는 저력은 은근하면서도 오래 갑니다. 쉽게 익힌 지식은 시간이 흐르면서 기억에서 잊혀지겠지만, 한번 내 몸과 마음에 익힌 좋은 습관은 일생동안 내 몸에 머물러 있기 마련입니다. 그래서 좋은 습관은 그 어떤 성적보다 더욱 소중한 것이겠지요.

좋은 습관이 행복을 부른다

그런데 우리는 아이들을 대할 때 습관이 가지는 관성의 힘을 얕보는 경우가 종종 있습니다. 좋은 습관이 가지는 관성은 당연하게 여기면서, 나쁜 습관이 가지는 관성은 금방이라도 끊어낼 수 있다고 아이들에게 냉정한 잣대를 들이대는 것입니다.

가령 외출하고 돌아오자마자 손을 씻는 아이의 습관은 아주 당연하면서도 의무적인 루틴 중의 루틴이라고 생각하면서, 아이가 양말을 아무 곳에나 벗어놓는 나쁜 습관을 고치지 못하는 것을 이해하지 못하는 경우가 그렇습니다. 좋은 습관이든 나쁜 습관이든 그 관성의 힘은 같아서(혹은 나쁜 습관의 경우가 더 커서) 금방 끊어내기란 결코 쉬운 일이 아님을 반드시 기억해야 합니다.

습관은 우리가 일상생활을 영위할 때 우리의 허락 없이 부지불식간에 튀어나옵니다. 그야말로 '나도 모르게' 말하고 행동합니다. 당연히 우리 아이들도 예외가 될 수 없지요. 순수한 아이들이야말로 나도 모르게, 내가 가지고 있는 습관대로 말하고 행동하는 일이 부지기수입니다.

아이가 양말을 아무 곳에나 벗어놓는 것이 나쁜 습관인 것을 충분히 인지하고 있더라도 그 나쁜 습관을 단번에 매몰차게 끊어버리는 것은 거의 불가능에 가깝습니다. 아이에게 체화된 습관은 무의식적으로 불쑥 튀어나오기 마련이니까요.

보다 장기적인 관점으로 아이를 바라보면서, 하루에 1cm씩 아이의 마음을 움직이게 하면 그걸로 만족한다는 여유 있고 너그러운 부모의 시점이 더욱 필요한 때입니다.

또 한 가지 덧붙이고 싶은 점은 지금 읽고 계시는 이 책은 아이들의 '행동수정 교본'이 결코 아니라는 것입니다. 따라서 아이들을 바라볼 때, 그들을 행동이 수정되어야 할 피동적인 존재로 바라봐서는 안 된다는 점을 다시 한 번 강조하고 싶습니다. 어른이든 어린이든 완벽한 습관으로 뭉쳐진 존재는 절대 존재할 수 없습니다.

아이들 또한 우리와 마찬가지로 어제보다 오늘, 오늘보다 내일에 이전보다 조금이라도 나은 방향으로 나아가는 동일한 존재일 뿐입니다.

우리는 그저 우리 아이들의 인생의 선배로서, 우리 아이들이 나쁜 습관에 길들여져 삶의 곳곳에서 표류하지 않도록 함께 노저어주는 든든한 뱃사공 역할로도 충분한 것입니다.

우리 아이에게 오늘 해줄 말

"처음부터 완벽히 잘할 수 있는 사람은 없어.

그렇지만 하루에 조금씩 노력하다 보면,

우리는 분명 달라져 있을 거야.

물방울 하나에는 힘이 없는 것 같지만 그렇지 않다고 해.

떨어지는 물방울 하나가 모이고 모여

바위도 뚫을 수 있다고 하던걸?

천천히, 그렇지만 꾸준히 함께 해보자.^^"

습관은 과연
어떻게 형성되는가?

Q 초등학교 3학년인 아이는 아직도 자신의 필통을 제대로 관리할 줄
몰라서 학용품을 자주 분실합니다. 어떻게 도움을 줄 수 있을까요?

A 혹시 부모님이 사용하는 필통이 있나요? 아이들은 생각보다 많은
부분을 부모님에게서 보고 배운답니다. 필통 관리를 잘해야 한다고
지속적으로 일러주는 것보다 부모님이 직접 필통을 다루는 모습을
보여주는 것이 좋습니다.

교실에서 연필, 지우개 다음으로 자주 쓰이는 학용품 중 하
나는 바로 12색 색연필일 것입니다. 크레파스보다 휴대하기에 용
이하고 사용도 간편합니다. 그런데 12색 색연필을 쓰는 아이들을
보면 아이들마다 몇 가지 습관이 있는 것을 알아챌 수 있습니다.

먼저 색연필이 '빨주노초파남보' 색깔별로 항상 가지런히 정
리되어 있는 아이들입니다. 빨강 색연필을 다 쓰고 나면 그 즉시

제자리에 꽂아두고 다른 색연필을 꺼내기에 색연필을 분실하는 경우도 적습니다. 무엇보다도 색연필을 담는 곽이 1년이 지나도 새것처럼 깨끗합니다. 해마다 다르긴 하지만 한 반에 약 10%의 아이들은 이렇게 연필 한 자루라도 깔끔히 관리하는 습관이 자리 잡혀 있습니다.

대부분의 아이들은 어떤 모습일까요? 보통 아이들은 색깔별로 나열해서 정리하는 수고는 하지 않지만, 그때그때 필요한 색연필을 꺼냈다가 사용 후에는 색연필 곽에 넣고 다른 색연필을 꺼내어 씁니다.

그런데 색연필을 하나씩 쓸 때마다 제자리에 꽂지 않고 책상 위에 그대로 올려놓는 아이들도 있습니다. 책상은 곧 12색의 색연필로 규칙 없이 가득 차게 됩니다. 이윽고 과제를 마치고 이제 정리를 해야 하는 시간이 되었습니다. 12색의 색연필과 색종이 조각 등이 사방에 흩어져 있는 책상 위를 정리하는 아이의 입에서 결국 푸념이 흘러나옵니다. "으아, 언제 다 정리해. 정리하기 싫어. 진짜!"

책상 위에서의 모습이 이렇게 저마다 다른 것은 참 신기합니다. 그런데 책상 위뿐만이 아닙니다. 책상 위에 놓여 있는 필통에 주목해봅시다. 필통을 사용하는 아이들에게도 저마다 다른 각자의 습관이 있습니다.

연필 뚜껑까지 야무지게 챙겨서 연필마다 필통 속 자리를 부여해주는 꼼꼼한 아이가 있는가 하면, 필통 안에 분명 필요한 것은 모두 다 있지만 필통 속 물건들에게 필통 안에서의 자유(?)를 허락하는 아이도 있습니다. 반면 필통 안에 무엇이 들어 있는지 아무런 관심이 없는 아이도 있습니다.

당연히 '어? 내 지우개 어디 갔지?'라며 황급히 찾는 경우가 많아집니다. 부모는 필통 속 연필, 지우개를 자주 분실하는 아이가 못마땅해질 겁니다. 아이에게 잘못된 점을 일러주어도 아이가 같은 실수를 되풀이하니까요. 그래서 학부모 상담시 학부모님들이 하는 주된 고민이 바로 이런 내용들입니다.

- 초등학교 3학년에 올라가는데 아직도 필통 하나도 제대로 못 챙기는 것 같아요.
- 다른 건 다 잘하는데 자잘한 자기 물건들을 제대로 못 챙겨요.

그런데 아이들에게서 보이는 이런 작고 사소한 습관들은 사실 모델링 효과 덕분에 형성된 것들이 많습니다. 누군가를 지속적으로 보면서 체득된 습관이라는 것이지요.

필통 관리가 제대로 안 된 아이들의 부모님을 상담하면 참 재미있는 현상을 만날 수 있습니다. 정작 부모님이 필통 관리에 미숙한 경우도 많거니와, 부모님이 필통을 소유하고 있지 않은 경우가 굉장히 많다는 것입니다.

사실 학교에 다니는 아이들에게 있어서 필통은 필수품이겠지만 부모님에게는 필통이 일상생활에서 필수품은 아닐 것입니다. 또한 필통 속 학용품을 쓰는 것보다 전자기기를 사용하는 것이 훨씬 간편하기도 합니다. 그러다 보니 필통을 잘 사용하는 본보기를 생활 속에서 아이들에게 보여줄 기회가 별로 없었던 것입니다. 그래서 저는 필통 관리를 제대로 하지 못하는 아이가 있다면 부모님에게 그 해결 방법을 이렇게 알려드립니다.

"필통을 잘 관리하는 예를 지속적으로 보여주십시오. (부모님에게 필통이 필수품이 아니라고 하더라도) 일부러라도 필통 안에 가지런히 물건을 넣고 어딜 가든 소지하며 필기하는 모습을 보여주세요."

습관, 우리가 누구인지를 말해준다

어린아이들이 가지고 있는 생활 속 습관은 대개 학습된 경우가 많습니다. 아이들은 태어나면서부터 지금 이 순간까지도 아주 많은 시간 동안 부모님의 말과 행동을 보고 있습니다. 우리가 아이들과 함께하는 시간들은 의식적인 경우보다 무의식적인 경우가 훨씬 더 많기 때문에 아이들은 자신이 미처 의식하지도 못한 채 부모의 말과 행동을 묵시적으로 따라 하게 됩니다.

인간에게 있어서 모방의 영향은 아주 크기에, 모방은 사회화의 기초라고 말하기도 하지요. 아이들은 모방하며 배웁니다. 습관이 어떤 모습으로든 형성되는 것은 모방효과, 모델링효과 덕분인 것입니다.

<u>필통을 정리하는 습관이나 각종 학용품을 관리하는 습관, 외출 후 손 씻는 버릇 등과 같이 아이들이 가지고 있는 비교적 사소한 습관들을 바로잡아주고 싶다면 아이에게 습관을 고치라고 단순히 지시, 명령하는 것보다 함께 해보려는 태도를 취하는 편이 훨씬 좋습니다.</u> 아이가 가지고 있는 그런 사소한 모습들은 어쩌면 내 모습과도 많이 닮아 있을 수 있으니까요. 아이와 함께 나도 작은 변화를 위해 힘써보는 겁니다. 중요한 것은 '아이만' 하는 것이 아니라 '나도' 함께 해보는 것이지요.

고대 철학자인 아리스토텔레스는 습관의 중요성을 다음과 같이 강조했습니다. "우리가 반복적으로 하는 행동이 바로 우리가 누구인지를 말해준다. 그러므로 중요한 것은 행위가 아니라 습관이다."

우리가 온 신경을 기울여 선택하는 의식적인 행동은 24시간

하루 중에 몇 가지나 될까요? 능동적으로 선택했다고 생각하는 그 행동조차도 우리는 습관의 지배를 받습니다. 일상생활을 하면서 결정을 내려야 하는 사사로운 모든 순간에도 우리의 뇌는 습관의 영향에서 벗어나지 못합니다. 앞서 언급했다시피 우리의 뇌는 효율을 따지는 기관이니까요. 습관이 되어버려 편한 쪽에 기웁니다.

우리가 누구인지를 말해주는 것은 바로 우리의 습관입니다. 잠깐 스쳐가는 말투나 눈빛, 나의 행동과 선택들의 집합이 바로 '나'이며 '너'입니다. 이제 아이들과 나의 사소한 습관에 우리의 눈과 귀를 기울여봅시다. 이 사소한 습관 하나가 경우에 따라서는 특별한 재능으로 발전할 수 있고, 그것을 갈고 닦아 때를 기다리게 할 수 있습니다. 그리고 그런 준비가 된 아이는 분명 다릅니다. 기회란 준비된 사람이 아니면 결코 잡을 수 없으니까요. 아이들이 복잡한 수식의 나눗셈을 할 수 있으려면 쉽고 간단한 구구단과 같은 사소한 기반이 튼튼히 쌓여 있어야 하는 것과 같은 원리입니다.

우리가 아이들이 작은 습관에 주목하도록 본보기를 보여주며 함께 노력하는 일은 분명 가치가 있습니다. 아이들에게 아무리 작고 사소한 일이라도 가볍게 여기지 않는 살아 있는 가르침의 실천인 것입니다. 습관은 사소한 것부터 시작됩니다.

우리 아이에게 오늘 해줄 말

"어려운 나눗셈을 잘할 수 있으려면

쉬운 구구단을 잘 외워야 하는 것처럼,

성공은 아주 사소한 것에서부터 싹트는 거란다."

어릴 적 습관의 중요성을
아이에게 전달하는 법

Q 아이에게 바른 습관을 길러주려고 하니, 제가 아이에게 잔소리꾼이 되어가는 것만 같습니다. 아이의 마음에 좀더 잘 다가갈 수 있는 좋은 방법이 없을까요?

A 아이에게 '이야기'를 들려주세요. '이야기 들려주기'는 아이의 눈높이에서 보다 자연스럽게 아이의 마음에 울림을 줄 수 있는 방법입니다.

이제 어릴 적 습관의 중요성에 대해서는 누구나 공감할 것입니다. '세 살 버릇이 여든까지 간다'는 속담은 어릴 적 습관이 얼마나 중요한지를 다시 한 번 알려줍니다. 또한 어린 시절에 든 습관은 평생 고쳐지지 않을 만큼 강하게 남아 있다는 뜻을 담고 있습니다.

그런데 문제는 '어릴 적 습관의 중요성'을 우리 아이들에게 어떻게 효과적으로 전달할 것인가 입니다. 아이들의 눈높이에 맞으면서 동시에 아이들의 마음에 닿을 수 있는 보다 효과적인 방법이 필요합니다. 단순한 지식 전달에 그쳐서도 안 되며 웃어른의 고압적인 잔소리나 설교 말씀처럼 들려서도 안 될 것입니다.

'이야기 들려주기'는 아이의 눈높이에서 보다 자연스럽게 아이의 마음에 울림을 줄 수 있는 방법입니다. 엄마, 아빠가 곁에서 나긋한 목소리로 들려주는 이야기는 아이의 마음을 무장 해제시키기에 충분합니다. 이야기를 들려주는 부모의 목소리에 아이의 마음속 귀가 비로소 열리고, 그 깊숙한 곳에 고운 씨앗을 내릴 수 있습니다.

그런데 아이와 어떤 이야기를 나눠야 할지 모르겠다고 고민하는 학부모님들을 현장에서 많이 만났습니다. 그래서 이책에는 함께 대화를 나눌만한 소재를 실어보았습니다.

저희 부부 또한 교실에서 만나는 아이들에게 종종 이런 이야기들을 들려주곤 했습니다. 아이들은 이 이야기 시간을 꽤 좋아했고, '잔소리'가 아닌 이야기라며 '굵은 소리'라는 별칭을 지어주기도 했습니다.

가정에서도 우리 아이들에게 엄마, 아빠의 진심 어린 마음이 담긴 이야기를 들려주세요. 그리고 아이들과 함께 더 깊은 이야기를 나눠보기를 적극 추천합니다.

'이야기 들려주기' 방법을 사용하자

이번 장에서 소개해드릴 이야기는 자라나는 청소년 시기에 바른 습관과 좋은 태도를 가져야겠다는 다짐을 스스로 이끌어내려는 이야기로, 제목은 '말랑말랑 찰흙 이야기'입니다(교실 상황 속 이야기이므로 적당히 각색해서 아이들에게 들려주셔도 좋습니다).

오늘 선생님(아빠, 엄마)이 들려줄 이야기는 말랑말랑, 조물조물 찰흙 이야기야.

선생님(아빠, 엄마)이 언젠가 미술 시간에 쓰려고 찰흙을 준비했어. 아이들에게 나누어 주고 움직이는 사람의 동작을 표현해보는 수업을 했지. 아이들이 조몰락조몰락하며 멋지고 재미있게 잘 만들더라.

그런데 찰흙이 조금 애매하게 남았어. 버리기에는 아까워서 '다음에 써야지' 하고 봉지에 잘 싸서 서랍에 넣어뒀지.

한 달이나 지났을까, 과학시간에 찰흙이 조금 필요해서 보니 전에 쓰다 남겨둔 찰흙이 생각났어. 그 찰흙을 찾아 꺼내 보았는데 이를 어쩌지? 딱딱하게 굳어 있는 거야. 비닐을 벗겨보니 안에 찰흙이 딱딱하게 굳어서 도저히 쓸 수가 없었어. 너희들도 이런 적이 있니?

그날 오후에 '버리기엔 아까운데? 굳은 찰흙을 다시 말랑말랑하게 하는 방법이 없을까?' 고민하다가 인터넷에 검색을 해봤어. 궁금한 거 검색해보면 안 나오는 게 없을 정도로 별별 정보가 다 있는 게 인터넷 이잖아. 그런데 굳은 찰흙을 말랑말랑하게 되돌릴 수 있는 방법은 안 나와 있어. 한 번 굳어버린 찰흙은 되돌릴 수 없대.

찰흙은 굳기 전에 촉촉하게 해주거나 굳기 전에 쓸모 있게, 멋지게 작품을 만들어야 해. 말랑말랑한 때를 놓치면 안 돼. 한 번 굳은 다음에는 아무리 스프레이로 물을 뿌리거나, 물을 묻혀 전자레인지에 돌리거나 해봐도 다시 돌아오지 않아. 소용이 없어.

그런데 사람도 마찬가지야. 시간이 지나면 굳어지는 찰흙처럼, 사람의 머리도 점점 굳는단다. 지금 여러분만 할 때는 뇌도 팽팽 잘 돌아가서 무엇을 가르쳐주면 금방 잘 배워. 새로운 기계를 조작하는 방법이라거나 새로운 게임 방법이라거나 쉽게 배우고 잘 따라해. 아니, 가르쳐주지 않은 것도 눈치 빠르게 잘 이해해. 그런데 시간이 점점 지나면 굳어지는 찰흙처럼, 나이가 들수록 사람의 머리도 굳어. 그래서 나이가 들면 새로운 걸 배운다고 해도 이해가 잘 되지 않고 머릿속에 잘 들어가지도 않아.

그래서 사람들이 하는 말 중에 '배움에도 때가 있다'고 하는 거야. 찰흙을 말랑말랑할 때 써야 하는 것처럼, 딱딱하게 굳기 전에 원하는 모양으로 멋지게 만들어 놓아야 하는 것처럼, 사람의 머리도 잘 돌아갈 때 배우고 공부해야 해.

지금 공부도 안 하고 공부하기 싫어하고 팽팽 놀기만 하는 사람들, "나중에 공부할 거예요" 하는 사람들은 오늘 선생님(아빠, 엄마)의 '굵은 소리'를 잘 들어야 해. 나중에 커서 머리가 굳어서 잘 돌아가지 않게 된 다음에는 아무리 정신 차리고 공부하려 해도 그때는 이미 늦은 거야. 그리고 지금 좋지 않은 걸 배우는 사람들, 나쁜 행동과 좋지 않는 생각으로 비뚤어진 행동을 하는 사람들도 더 굳기 전에 얼른 바르고 멋지게 돌아와야 한단다.

또 한 가지 더 얘기하자면 사람의 키가 자라고 성장하는 것도 마찬가지야. 너희들처럼 어릴 때 골고루 잘 먹고 운동도 하고 잠도 푹 자고 해서 잘 자라야 해. 어른이 돼서 키가 다 자란 다음에는 아무리 음식을 골고루 먹고, 우유랑 멸치도 먹고, 줄넘기를 해도 뼈가 굳어서 키가 자라지 않아.

지금 선생님(아빠, 엄마)이 키가 더 크고 싶어서 매일 우유를 마시고 줄넘기를 한다고 해서 키가 크겠니? 아쉽게도 선생님(아빠, 엄마)은 어른이라 때를 놓친 찰흙처럼 이미 굳어버렸어.

여러분에게 지금 청소년 시기는 아주 중요한 때야. 지금은 여러분이 선생님(아빠, 엄마)보다 키도 작고 몸집도 작고 또 아는 것이 적고, 모르는 게 더 많을 수 있어. 하지만 여러분은 말랑말랑한 찰흙이니까 지금 이 말랑말랑한 때에 무엇을 하느냐에 따라 달라질 거야.

나중에 후회하는 일이 없도록 지금 이때를 놓치지 말자. 찰흙처럼 너희들도 굳기 전에 바르게 배우고 공부하고 쑥쑥 자라렴.

이 이야기를 듣고 난 뒤에 아이들의 표정이 어떨지 궁금하지 않으신가요? 교실 속 아이들은 제법 심각하고 진지한 표정으로 무언가를 깨달은 듯한 표정을 어렴풋이 짓곤 했답니다. 아이들과 함께 꼭 이야기를 나눠보길 바랍니다.

초등학생의 습관 형성,
아이의 '민감기'를 이용하라

Q 많은 육아 책들을 보면, 초등학생 시절을 잘 보내야 자기주도적인 사람으로 성장할 수 있다고 해요. 이 시기를 지나는 자녀가 있는 부모들이 가장 염두해 두어야 할 것은 무엇이라고 생각하나요?

- -

A 아이의 마음에 공감하려는 마음입니다. 아이의 마음에 공감하려는 마음은 습관 형성 초기와 습관 형성이 이루어지는 중기에도 필요합니다.

모름지기 어떤 것을 새로 습득하기 위해서는 그것을 받아들일 준비가 되어 있어야 합니다. 숫자 5까지를 겨우 셀 수 있는 어린아이에게 두 자리 수의 숫자를 가르칠 수는 없는 것과 같지요. 0부터 60까지 5씩 뛰어 셀 수 있어야 비로소 시계를 읽을 수 있습니다. 시각을 단순히 외워서는 그 원리를 이해하기 힘듭니다.

제 아무리 실력이 좋은 단거리 달리기 선수라도 출발선 앞에서서 달릴 준비를 하지 않으면 실력 발휘가 어렵습니다. 도약하기 위한 준비과정은 어느 누구에게나 동일하게 필수적으로 요구됩니다. 준비과정을 무시하고 생략한 채 제대로 그 과정을 거치지 않은 사람은 제대로 완성해낼 수도 없지요. 충분히 준비된 상태는 다음 단계로의 도약을 보장하는 최고의 보증수표입니다.

그래서 아이들의 성장은 대개 계단형 형태를 보입니다. 특히 '수학'과 같은 성취형 과목은 더욱 그렇습니다. 바로 전(前) 단계의 충분한 준비학습이 반드시 필요합니다. 그 상태에서 새로운 개념이 등장했을 때, 아이들은 '아하!'를 외치며 쉽게 배울 수 있고 다음 단계로 진입할 수 있는 것입니다.

그런데 인간은 성장하는 과정에서 능력이나 기술을 발달시키기에 좋은 특정 시기가 있습니다. 실험심리학에서는 이를 '민감기(sensitive period)'라고 부릅니다. 민감기를 놓치면 동일한 환경에 동일한 조건이 제공되더라도 최적의 발달 효과를 기대하기 어렵습니다.

교육심리학에도 이와 비슷한 개념이 있습니다. 바로 '결정적 시기(critical period)'입니다. 어떤 심리적 특성이나 행동은 특정한 시기에 획득되어야 하며, 그 시기가 지나면 획득이 불가능하다는 개념입니다. 오리는 태어나서 2~3시간, 고양이는 4~8주, 원숭이는 1년 정도가 결정적 시기라고 합니다. 그렇다면 인간의 결정적 시기는 언제일까요? 발달심리학자와 뇌과학자들 간의 약간의 견해차가 있지만 인간은 보통 태어나서 10~12세까지를 결정적 시기로 봅니다.

이렇게 결정적 시기의 존재가 가능한 것은 우리 뇌의 '가소성(plasticity)' 덕분입니다. 본래 가소성이란 고체에 외력을 가해 변형을 일으켰을 때, 외력이 없어진 후에도 그로 인한 변형이 그대로 지속되는 현상을 말합니다. 그런데 우리의 뇌도 이런 가소성을 가지고 있습니다. 어떤 새로운 자극이 우리 뇌에 가해지면 그 자극으로 인해 뇌 안에서 변화가 일어나게 됩니다. 그리고 이것이 '반복'되면 그 자극이 더 이상 없더라도 그 변화가 우리 뇌에 남는 것입니다.

이러한 가소성 변화가 가장 많이 일어나는 부위가 바로 '시냅스(synapse)'입니다. 시냅스는 6세 전후에 가장 많이 생겨나는 것으로 알려져 있습니다. 그러다가 14세 이후가 되면 그 양은 줄어들게 되고 대신 굵기가 두꺼워지기 시작합니다. 불필요한 가지를 쳐내지만 필요한 가지는 살찌웁니다. 우리의 뇌가 그 필요 여부를 판단합니다. 어떤 시냅스는 도태되지만, 어떤 시냅스는 생존합니다.

그렇다면 우리의 뇌는 어떤 것을 가치 있는 시냅스라고 높은 평점을 부여할까요? 뇌과학자들은 그 비밀은 바로 '반복'에 있다고 말합니다. 앞서 언급했듯 우리의 뇌는 효율을 원합니다. 뇌는 활동을 절약하고자 하는 본능이 있고 습관이 형성되면 뇌는 휴식이 가능해집니다.

우리에게 습관이 형성되어 있는 것도 바로 그 이유에서였습니다. 어떤 행동을 오랜 시간에 걸쳐 반복하면 뇌는 이 과정을 자동적으로 수행하도록 단련되고, 그렇게 단련된 시냅스는 14세 이후가 되더라도 너끈히 생존할 수 있는 것입니다.

아이의 마음에 공감하려는 마음이 중요

우리 아이의 민감기와 결정적 시기를 어떻게 활용하느냐에 따라 뇌의 시냅스의 종류와 굵기가 달라집니다. 여러분은 우리 아이가 어떤 시냅스를 평생 가지고 가기를 원하나요? 우리는 이것에 대해 골똘히 생각해 본 적이 얼마나 있을까요? 당장에 눈앞에 수치상으로 보이는 성적에 현혹되어 흔들리지는 않나요?

민감기를 지나고 있는 우리 아이들에게 보다 중요한 것은 14세 이후에 평생 가지고 갈 습관을 잘 들여주는 것이 아닐지 깊게 생각해볼 필요가 있습니다. 어떤 반복으로 어떤 습관을 아이에게 심어줄 것인지를 결정했다면, 그 다음에는 어떻게 그 과정을 이끌 것인지에 대해서도 생각해봐야 합니다.

이 책에서는 민감기를 지나는 아이들이 체득하면 좋을 여러 종류의 습관들과 함께 실천 방법까지 다룰 것입니다. 구체적인 이야기는 이어지는 2, 3, 4장을 참고하면 되겠습니다. 그것에 앞서 지금 여기에서는 아이들의 바른 습관 형성을 이끌 때에 필요한 기본적인 것을 먼저 제시하고 싶습니다.

그것은 바로 '아이의 마음에 공감하려는 부모의 마음'입니다. 예를 들어 아이에게 하루에 30분씩 꾸준히 책상 앞에 앉아 문제집을 푸는 습관을 길들이기로 했다고 가정해봅시다. 만약 책상 앞에 앉는 것 자체가 아직 힘든 아이라면 30분 동안 문제집을 푸는 것은 이중고임에 틀림이 없습니다.

이런 상황에 놓인 아이에게 "지금부터 30분 동안 절대 일어나지 말고, 꼼짝 말고 문제집 풀어"라고 지시하는 말은 아이의 마음을 전혀 읽지 못한 말입니다. '꼼짝 말고'와 '문제집', 이 두 부분이 아이의 이중고를 명확하게 집어낸 멘트이기 때문이지요.

이럴 때에는 굳이 시간을 아이에게 제시할 필요가 없습니다. "우리 책상 앞에 앉아서 같이 미로 찾기 좀 하다가 문제집 두 쪽 풀어볼까?" 하고 말하는 편이 훨씬 좋습니다. 아이가 30분 동안 책상에 앉아 있는 경험을 할 수 있도록 퍼즐 책을 준다거나 수수께끼 책 등을 15분 정도 하고, 쉬운 레벨의 문제집을 15분 정도

이어서 푸는 방법을 활용하는 것입니다.

물론 이 경우에도 아이에게 한 번에 습관이 형성되긴 힘듭니다. 심지어 시작이 힘든 아이의 마음에 충분히 공감을 해주었는데도 불구하고 아이가 이것마저도 거부를 할 수도 있지요. 그렇다면 함께 하는 것을 추천합니다. 아이가 30분간 책상 앞에 앉아 있을 때 아이를 지도하는 엄마도 옆에서 함께 앉아서 아이의 학습에 버금가는 어떤 일을 하는 것입니다. 예를 들어 독서를 한다거나, 필사를 하는 것 등이 있습니다. 아이와 함께 습관을 들일 수 있는 가장 훌륭한 방법입니다. 아이는 책상 앞에 앉혀서 연산 문제집을 풀게 하면서, 부모님은 스마트폰 게임을 하면 안 되겠지요. 그것은 아이의 마음에 공감한 것이 결코 아니니까요.

또한 아이의 마음에 공감하려는 부모의 마음은 습관 형성 초반기에도 중요하지만 습관 형성 중반기에도 중요한 역할을 합니다. 우리의 뇌는 가소성을 나타내기도 하지만 원래 가지고 있는 모습을 유지하려는 본능의 힘도 꽤 크게 가지고 있습니다. 새로운 자극이 나에게 탄탄한 '습관'으로 자리매김하는 것이 남녀노소를 불문하고 어려운 까닭이 바로 여기에 있습니다.

원래 가지고 있던 습관을 버리고 새로운 습관을 몸에 익히려고 반복적으로 노력하고 있지만 무의식적으로는 원래의 내 모습이 불쑥 튀어나오려고 호시탐탐 기회를 엿보고 있습니다. 따라서 습관을 형성해나가는 과정에서 아이의 고충에 공감해주는 것과 노력하고 있음을 알아주고 충분히 응원해주는 것은 아이에게 무엇보다 더 큰 힘이 됩니다.

내 아이의 습관에 아무런 변화가 없다고 해서 아이의 노력이 부족하다고 말할 수 있을까요? 결코 그렇지 않다고 생각합니다. '아이의 변화하지 않는 모습'이 곧 '아이가 노력하고 있지 않음'과 동의어는 아닙니다.

하나의 습관을 다른 습관으로 바꾸는 일은 어른에게도 어려운 일입니다. 쉽지만은 않은 것이 확실하지만 그렇다고 아이들의 민감기를 그냥 보내서도 안 됩니다. 꾸준하게 긴 호흡을 가지고 접근해야 합니다. 마음의 1cm 이동을 잊지 마세요.

우리 아이에게 오늘 해줄 말

"겉보다 속이 더 튼튼한 우리 아들(딸) ○○야.
오늘 하루도 꿈을 위해 나아가는 하루가 되자."

아이 습관을 바꾸고 싶다면
'전환기'를 활용하자

Q 스마트폰 게임에 심취한 아이가 너무나 걱정이 됩니다. 아직 초등학교 2학년이라 어린데 웬만한 어른만큼 스마트폰을 들여다보는 데 시간을 쏟습니다. 어떻게 도움을 줄 수 있을까요?

A 전환기(터닝 포인트)를 사용하세요. 스마트폰 게임을 너무 많이 하는 습관이 왜 좋지 않은 것인지에 대해 먼저 이야기를 나누었다면 아이가 그 습관을 버릴 수 있게 터닝 포인트를 만들어주세요.

어느 노래 가사처럼 습관이란 건 참 무섭습니다. 별 생각하지 않는 중에도 무심결에 그 습관적인 행동을 하고 있는 나를 발견한다면 얼마나 무서울까요? 그 습관과 멀어지고 싶은 마음은 가득한데 말이지요.

이 책에서 줄곧 습관의 중요성에 대해 이야기하고 있습니다만 습관은 오랫동안 반복해 몸에 익어버린 행동입니다. 무의식

속에 자리잡고 있기에 습관을 바꾼다는 것은 말처럼 쉽지가 않습니다. 그래서 자녀의 바른 습관을 형성하기 위해서는 부모님의 긴 호흡이 필요합니다.

단시간에 좋은 습관을 형성하는 것은 어렵습니다. 반대로 나쁜 습관을 단기간에 버리는 것도 어렵습니다. 오랫동안 반복해서 무의식적으로도 자연스럽게 할 수 있어야 습관으로 정착된 것입니다.

아이에게 바른 습관 하나가 정착하려면 부모님이 관심을 갖고 지속적인 끈기로 아이들을 도와주는 것이 필요합니다. 그리고 반대로 좋지 않은 습관을 바꾸어주는 것도 부모님의 노력이 절실합니다. 아이보다 부모님이 먼저 포기하거나, 바쁘다고 미루지 말고 지속적으로 신경 써주어야 합니다.

〈한국을 빛낸 100명의 위인들〉이라는 노래에서 신라시대 인물 김유신에 해당하는 가사를 기억하십니까? 김유신은 신라의 삼국통일의 중추적인 역할을 해낸 인물이지요. 그런데 노래가사에는 김유신을 '말목 자른 사람'으로만 나타내고 있습니다. 삼국시대 신라의 김유신은 다름 아닌 자신의 습관을 고치기 위해 말의 목을 잘랐습니다.

김유신이 훈련과 공부를 부지런히 하던 청년 시절, 그에게는 좋아하던 여인이 있었고, 훈련이 끝나면 말을 타고 그 여인을 찾아갔나봅니다. 이 사실을 알게 된 김유신의 부모님은 김유신이 훈련을 게을리하고 다른 곳에 정신을 판다고 크게 꾸중했다고 하지요. 이에 김유신은 다시는 이런 일이 없을 것이라고 부모님 앞에서 굳게 다짐을 합니다.

그러던 어느 날, 훈련을 마치고 술을 한 잔 마신 김유신은 말을 타고 가다 잠이 들어버렸답니다. 그런데 그 말은 습관적으로 여인의 집으로 김유신을 태우고 간 것입니다. 잠시 후 잠에서 깬 김유신은 크게 놀랐고 그 즉시 말의 목을 잘랐다고 합니다.

아끼는 말의 목을 자르는 김유신의 심정은 어떠했을까요? 왜 김유신은 자신의 분신과 같은 말의 목까지 잘라가며 습관을 고치고자 했을까요?

김유신에게는 보다 확실하게 습관을 고칠 수 있는 터닝 포인트가 필요했기 때문입니다. 여인의 집으로 가는 유일한 방법은 '말'이었습니다.

말의 목을 자른다는 것은 여인의 집으로 가는 수단 자체를 없앤다는 뜻이 되겠지요. 김유신은 자신의 본래 버릇이 언제든지 불쑥 튀어나올 수 있다는 것을 예상했고, 그것을 원천 봉쇄할 수 있도록 터닝 포인트를 만들었습니다. 이것은 습관을 고치겠다는 결연한 의지가 있었기에 가능했던 것입니다.

아이의 터닝 포인트를 찾는 것이 중요

나쁜 습관을 버리고 그 자리에 좋은 습관을 형성하기 위해서는 터닝 포인트, 즉 전환점이 분명히 필요합니다. 그렇다면 우리 아이들에게는 어떤 상황을 터닝 포인트로 활용할 수 있을까요? 새해가 시작될 때나, 새 학교를 시작할 때, 새 학년으로 진급할 때가 가장 대표적인 터닝 포인트가 되겠지요. 새로운 시작은 누구에게나 다짐을 실천으로 옮길 수 있게 해주기 때문입니다.

아이에게 글씨를 바르게 쓰는 습관을 기르게 하고 싶다면 새 공책을 바꿀 때가 좋은 터닝 포인트가 될 수 있습니다. 헌 공책보다는 새 공책을 시작할 때 바른 글씨를 쓰고 싶은 마음이 더 샘솟을 겁니다. '이 공책에는 글씨를 바르게 써야지. 새 공책은 더럽히지 말아야지.' 이렇게 미리 다짐을 하고 새 공책을 쓰기 시작해야 합니다.

아이에게 책상 정리를 하는 습관을 확실하게 가르치고 싶다면 책상을 바꿀 때가 효과적입니다. 방을 바꿀 때, 새 옷을 입을 때, 새 집으로 이사할 때 등 분위기 전환이 가능한 시점을 잘 활용하는 것이 중요합니다. 새로운 기분으로 새 출발을 할 때가 나쁜 습관을 고치기에 적기이기 때문이지요.

그렇다고 습관을 형성시키기 위해 모든 것을 새것으로 바꿔야 한다는 것은 아닙니다. 터닝 포인트가 되는 시점을 미리 준비하고 있다가 이때를 놓치지 않고 잘 활용해야 한다는 것입니다.

수년 전 '애○팡'이라는 폰 게임이 전국적으로 유행했던 적이 있었지요. 1분이라는 제한 시간 내에 같은 모양의 동물 캐릭터를 일렬로 놓아 터트리는 게임이었습니다. 한 판 할 때마다 하나의 하트가 필요하고 하트를 얻으려면 다른 톡 친구에게 초대 메시지를 보내야 했습니다. 이 게임은 대한민국 전체에 유행했고, 과연 이 게임은 자투리 시간이 생겼을 때 킬링 타임 용도로 꽤 재미있었습니다.

가랑비에 옷이 젖듯 그것은 어느새 습관으로 변했습니다. 조금의 자투리 시간이 생기기만 하면 이 게임을 하곤 했고, 게임을 시작했다 하면 10분에서 15분은 정신없이 지나가버리기 십상이었습니다. 자투리 시간 동안 책을 읽거나, 소소한 집안일들을 하거나, 내일을 준비하며 생각하는 시간을 갖던 날들은 지난날이 되어갔습니다. 게임에 시간과 생각을 빼앗기게 된 것이지요.

이런 생활이 지속되면 당연히 일상생활에 작은 문제들이 생기기 시작합니다. 뭔가 잘못된 것 같은 생각이 번쩍 들고, 게임을 줄여야겠다는 다짐도 하지만 몸에 배어버린 습관은 무섭게 깊이 뿌리내립니다. 조금이라도 시간이 나면 자신도 모르게 자연스레 이 게임에 시간과 시선을 빼앗기게 되지요.

자투리 시간을 앗아가는 이 게임을 그만두고 싶겠지만 정신을 차려보면 어느새 이 게임을 하고 있는 자신을 발견합니다. 이 습관에서 벗어날 수 있는 터닝 포인트가 있을까요?

습관에서 벗어날 수 있는 터닝 포인트는 반드시 있습니다. 사용하던 스마트폰이 고장난 때가 바로 그때입니다. 새로운 스마트폰으로 폰을 바꿀 때를 적극 활용해야 합니다. 김유신이 말의 목을 자르듯, 새로운 스마트폰에 연락처와 사진 등 기존 스마트폰 속에 담겨 있던 중요한 정보를 옮길 때, 게임 앱만은 설치하지 않는 결단력을 발휘하는 것입니다. 이것을 스마트폰 게임에 중독된 아이들에게도 충분히 적용할 수 있습니다.

<u>나쁜 습관을 고치기에 가장 적당한 시기는 환경이 바뀔 때, 새롭게 시작할 때입니다.</u> 고쳐야 할 나쁜 습관이 무엇인지 부모님과 자녀가 서로 공감대를 형성하고 고쳐야겠다는 생각이 들면, 미리 준비한 마음가짐대로 시작과 함께 나쁜 습관을 떨쳐내어야 할 것입니다.

그리던 그림이 잘못된 것을 알고 그림을 지우개로 지운 다음 그 위에 다시 그려나가기는 어렵습니다. 도화지를 재활용하는 정도로는 마음에 드는 작품을 완성하기 어렵습니다. 새로운 도화지 위에 새로운 그림을 그려나가는 것이 좋습니다. 도심지를 어렵게 부분 부분 재개발하기보다는 너른 벌판을 골라 신도시를 계획해

건설하는 쪽이 더 깔끔하고 체계적인 주거환경을 꾸미기에 좋은 것처럼 말입니다.

특히 자녀의 3월, 새 학년이 시작하는 시기에는 습관을 놓치지 않기를 적극 추천합니다. 이전에 잘못된 것은 버리고 좋은 습관만 가지고 새롭게 시작할 수 있도록 습관을 가지치기하고, 좋은 흐름에 올라탈 수 있도록 도와주세요.

우리 아이에게 오늘 해줄 말

"오늘은 새로운 한 달이 시작되는 첫날이구나.
이번 달에는 우리 아들(딸)이
계획한 것을 미루지 않고 모두 이루는 한 달이 되길 바란다."

아이와 함께 100% 노력했는데

겨우 1%만 바뀌었다고 낙담할 필요는 없습니다.

아직 바뀌지 않은 99%의 노력은 결코 멀리 도망가지 않아요.

내 안에 99%를 저축해놓은 것이니까요.

노력한 것들이 그 즉시 변화된 습관으로 바뀌지도 않지만

그 즉시 바뀌었다고 좋아할 필요도 없습니다.

오래 두고 묵힌 것이 제대로 진가를 발휘합니다.

아이 안에 99%의 노력으로 저장된 그것은

언제든지 다른 빛으로 빛날 것이라고 믿어봅니다.

다른 사람이 우리 아이의 1% 바뀐 습관을 봐줄 때

우리는 오히려 99%의 노력에 더 박수쳐주는 건 어떨까요.

2장

바르게
세우는
우리 아이
'생각' 습관

아이의 심리적 허용치를
관리해야 한다

Q 아이가 거짓말을 한 적이 있습니다. 아이에게 왜 거짓말을 했냐고 꾸중을 했는데 그 과정에서 저는 크게 놀랐습니다. "이 정도 거짓말은 괜찮지 않냐"며 자신의 거짓말을 정당화하는 아이의 모습 때문이었습니다. 그러니 아이는 제 꾸중에도 진심으로 뉘우치는 것 같지 않았습니다. 어떻게 아이를 지도해야 할까요?

A 생각도 습관입니다. 아이의 심리적 허용치를 살펴야 합니다. 그리고 '정직'이라는 바른 가치관을 세워주어야 합니다.

누구나 이 세상을 살아가게 하는 가치들을 각자의 마음에 품고 있습니다. 그것들은 원하지 않아도 어쩔 수 없이 그 사람을 따라다닙니다. "나는 가치관 같은 것이 딱히 없다"라고 말하는 사람에게도 그 사람만의 가치관은 있습니다. 눈에 보이지 않고 형태가 딱히 없는 것들이지만 결코 무시할 수는 없습니다. 왜냐하면 그것들은 한 사람이 인생을 살아가는 과정마다 자주 출연해 선택을 돕기 때문이지요.

가치관은 삶의 방향도 정해줍니다. 우리는 이런 각자의 가치관을 흔히 그 사람의 '스타일'이라고 부르기도 합니다. 개인이 추구하는 가치관은 그 사람을 가장 그 사람답게 만들고 대표해주기도 하지요. 개인의 외모가 겉으로 그 사람을 대표한다면, 개인의 가치관은 그 사람의 내면을 대표하는 고유한 자산입니다.

사람마다 외모가 제각기 다른 것처럼 추구하는 가치관도 사람 간에 완벽히 같을 수는 없습니다. 가치관이 판이하게 다른 사람도 있고 적어도 모두 조금씩은 다르지요. 그래서 가끔 나의 가치관을 닮은 사람을 만나면 반가울 수밖에 없습니다. 아무래도 가치관이 닮아 있는 사람과의 대화는 편안하고 수월할 테니까요.

가치관은 개인의 생각을 지배합니다. 따라서 사람마다 생각의 결도 다를 수밖에 없습니다. 그래서 내가 무엇을 진심으로 원하고 있는지를 알려면 자신의 생각과 깊은 대화를 나누어야 합니다. 내 생각을 하나씩 짚어보는 것은 때로는 어색한 일이지만 나 자신을 이해하는 가장 확실한 방법이 됩니다.

많은 사람들은 자신의 생각의 결을 종종 매끄럽게 매만져주고 다듬습니다. 그렇지만 한 번 머릿속에 박힌 가치관과 생각들은 우리 머릿속에 뿌리를 깊이 내려 좀처럼 잘 다듬어지지 않기도 합니다. 그래서 서점에 가면 흔히 볼 수 있는 자기계발서가 그것을 도와주기도 하지요.

스스로를 위로하는 법을 알려주는 자기계발서, 채찍질해 발돋움을 도와주는 자기계발서, 절망을 딛고 희망을 바라볼 수 있도록 도와주는 자기계발서 등 이렇게 많은 종류의 자기계발서가 지속적으로 출간되고 인기리에 팔리고 있습니다. 이런 걸 보면, 현대인에게 있어서 '생각'을 다루는 일은 인생의 성패를 좌지우지할 수 있을 정도의 중요한 일임에 틀림이 없다는 확신이 듭니다.

아이의 가치관에 주목하자

그렇다면 내 머릿속에 살고 있는 그 가치관과, 가치관으로 이루어진 생각들은 언제 내 머릿속에 생겨나 자리잡은 것일까요? 언제부터 생겨났기에 이렇게 깊게 뿌리내려 '나'라는 사람을 대표하는 고유자산이 된 것일까요?

적어도 초등학생 이전부터 생기지 않았을까 추측해봅니다. 교실에서 만나는 어린이들만 봐도 아이들 고유의 가치관과 생각이 있음을 알 수 있기 때문이지요.

저희는 초등교사로서 교실에서도 참 다양한 가치관을 가진 아이들을 만날 수 있습니다. '즐거움과 재미'를 최고의 가치로 추구하는 아이도 있고, '솔직함'을 최고의 가치로 추구하는 아이도 있습니다. '양보와 배려'의 가치관을 추구하는 아이, '자주(自主)'를 추구하는 아이도 있습니다.

- 저 아이는 잘 웃고 상냥해.
- 저 아이는 절대 거짓말을 못하지.
- 저 아이는 스스로 하고 싶은 마음이 들면 누구보다 열심히 해.

아이들이 스스로 가지고 있는 가치관은 이렇게 아이의 성격을 결정짓기도 합니다. 잘 웃고 상냥한 아이, 거짓말을 하지 않는 아이, 남이 시켜서 하는 일보다 자신이 스스로 결정한 일에 흥미를 느끼는 아이 등 어린이에게도 가치관은 분명히 존재합니다.

그런데 어린이들의 가치관과 생각이 어른의 그것과 다른 점이 있습니다. 어른의 가치관보다는 그 뿌리가 깊지 않다는 점입니다. 다시 말해 어른보다는 가치관이 덜 견고한 점이 특징인데, 이것은 '나이'와도 관련이 있습니다. 오랜 시간에 걸쳐 켜켜이 쌓인 어른의 가치관보다는 아무래도 덜 견고할 수밖에 없지요.

이 말은 어린이들의 가치관은 언제든지 쉽게 바뀔 수도 있다는 것을 뜻합니다. 어릴 적에 겪은 어떤 사건 하나로도 아이의 가치관이 180도로 변할 수 있습니다. 또한 어릴 적에 만난 선생님과의 대화 몇 마디가 가슴에 닿아 가치관이 바뀌기도 합니다. 그래서 어린 시절에 좋은 선생님과 좋은 친구들을 만나는 것은 큰 행운임에 틀림이 없지요.

따라서 부모로서 우리는 아이가 어떤 가치를 품은 채 자라는지 면밀히 살필 필요가 있습니다. 아이가 이 세상에 있는 수많은 가치 가운데에 어떤 가치를 선택해서 깊숙이 파고 들어가는지를 지속적으로 지켜봐야 합니다. 아직 인격이 형성되지 않은 어린이들은 얄팍한 유혹에도 쉽게 이끌려서 그릇된 가치관에 금방 오염되기 때문입니다.

부모님의 무관심과 방임은 아이를 자유롭게 할 수 있을지도 모릅니다. 하지만 올바른 가치관이 튼튼한 뿌리를 내리게 하지는 못합니다.

아이가 무엇을 좋아하는지 잘 모르고, 아이가 어떤 가치에 마음을 쏟는지 잘 모르고 있나요? 아이가 무엇을 할 때 가장 편안해하고 아이가 어떤 가치를 따를 때 자유로움을 느끼고, 그 속에서 충만함을 찾는지 관찰해보길 권합니다. 아이와의 속 깊고 풍성한 대화를 나누는 것은 아이의 가치관을 알아보는 데 가장 좋은 방법입니다.

하지만 아이들과의 대화가 단순히 안부를 묻는 수준의 겉핥

기식이라면 특별한 성과를 거두긴 힘듭니다. 충분한 시간을 가지고 자주 대화의 기회를 만들어갔을 때 어느 날 물꼬가 터질 수 있습니다. 아이와 쪽지나 편지를 지속적으로 주고받는 것도 좋은 방법이 될 수 있습니다.

개인의 가치관은 행동의 범위를 결정합니다. 자녀의 행동을 잘 관찰해보면 아이가 편하게 대하는 가치관이 무엇인지 알 수 있습니다.

예를 들어보겠습니다. '정직'이라는 가치를 소중히 하는 아이는 절대로 거짓말을 하지 않습니다. 그렇지만 '정직'이라는 가치에 큰 의미를 두지 않는 아이는, 가벼운 거짓말에도 특별한 죄책감을 잘 느끼지 않습니다.

심지어 어느 정도는 괜찮다고도 생각합니다. '배려'라는 가치를 소중히 하는 아이는 상대방에게 어떤 말을 할 때 상대방의 기분을 헤아리며 합니다.

이렇게 가치관은 개인의 행동에 영향을 미치며 '심리적 허용치(어느 정도까지는 괜찮을 것이라고 개인이 스스로에게 허용하는 정도)'를 결정합니다. 심리적 허용치가 필요 이상으로 큰 아이들은 스스로에게 관대합니다. 스스로를 합리화시키는 것이지요.

- 늦잠 자도 괜찮을 거야.

- 일기쓰기 숙제를 미뤄도 괜찮을 거야.

- 친구를 툭 치고 지나가도 이 정도는 괜찮을 거야.

- 친구에게 바보라고 말한 게 뭐가 어때서?

이렇게 생각 역시 습관입니다. 바른 가치관을 내 안에 굳건한 줄기로 세우고자 노력하는 것도 습관이며, 그릇된 가치관을 아무런 필터링 없이 그대로 따라서 생각하려는 것도 습관입니다. 그리고 습관화되어버린 그릇된 생각을 지금 전환시켜주지 않으면 장기적으로는 세상을 살아갈 에너지가 고갈되고 말 것입니다. 이제는 아이들의 생각에 바른 습관이라는 날개를 달아줄 때입니다.

우리 아이에게 오늘 해줄 말

"우리 ○○의 마음속에 있는 생각나무에는

오늘 어떤 생각이 자랐을까?

한 뼘 자라난 ○○의 생각이 아름다운 열매가 될 거라고 믿어!"

아이와
대화 나누기

추운 겨울에는 눈이 내리지. 눈이 내리면 풍경이 참 예쁘긴 한데 눈이 내린 다음엔 길이 무척이나 미끄럽지? 눈이 녹다 말아서 얼어버리면 길이 온통 얼음판이 되어서 엄청 미끄러워. 겨울에 길을 가다 미끄러져서 엉덩방아를 찧어본 적 있니? 엉덩방아를 찧으면 아프기도 하지만 아주 창피하기도 하지.

그래서 주머니에 손을 넣고 다니면 균형을 잘 못잡아서 넘어지기가 쉽고, 넘어질 때 손을 짚지 못해서 얼굴이나 몸을 다칠 수도 있어. 그래서 눈이 내려 미끄러운 길을 다닐 때에는 주머니에 손을 넣고 다니지 말고 꼭 장갑을 끼고 다녀야 해. 발아래를 잘 살피며 한 발 한 발 조심해서 걸어야 하고.

엄마도 예전에 그런 적이 있었는데 한참을 걷다가 느낌이 이상해서 고개를 들어봤지! 그랬더니 엄마(아빠) 앞에 나무가 떡~ 하고 서 있더라고. 하마터면 나무에 머리를 박을 뻔했어. 게다가 가려고 하던 방향과 다르게 엉뚱한 방향으로 가고 있는 거야. 너무 발아래만 보다 보니 가야 할 길의 방향을 보지 못했어. 눈이 내려 미끄러운 길이라고 해도 발아래만 보며 가기만 할 게 아니라, 내가 제대로 잘 가고 있는지 가끔씩 고개를 들어서 멀리 봐야 한단다.

우리가 살아가는 것도 마찬가지가 아닐까. 하루하루, 1분 1초, 바쁘게 열심히 사는 것도 좋고 열심히 공부하는 것도 좋아. 하지만 가야 할 방향을 잃지 않도록, 잘못된 방향으로 가지 않도록, 내가 지금 공부하고 있는 것과 앞으로 공부할 것, 목표하고 있는 것들을 제대로 살펴봐야 할 필요가 있단다.

아이가 자신의 생각을
보물처럼 여기게 하는 방법

Q 아이의 습관을 개선하고자 보상제도를 시작했어요. 그런데 저도 아이도 처음에는 큰 흥미를 가지고 시작했는데 별로 나아지는 것 같은 느낌은 받지 못합니다. 무엇이 잘못된 것일까요?

- -

A 보상제도로 득을 볼 수 있는 경우는 따로 있습니다. 바로 아이가 스스로의 가치관이 무엇인지 알고 있는 경우입니다. 습관 중 자랑할 만한 것은 무엇이고, 반대로 고쳐야 할 부분이 무엇인지 아이 스스로 알고 있어야 보상제도로 득을 볼 수 있습니다.

우리 모두에게는 자신이 자신다울 수 있게 하는 '생각'이란 것이 있습니다. 이것은 우리가 우리 자신임을 보여줄 수 있는 상징이 되고, 그 자체로 나만이 가진 소중한 보물입니다.

겉을 아름답게 가꾸는 것처럼 내면에 있는 이 생각도 귀하게 가꾸어야 합니다. 아리스토텔레스가 말한 것처럼 생각이 곧 내가 되니까요. 내가 가지고 있는 가치관을 자랑스럽게 여기며 사랑할 수밖에 없습니다. 아껴주고 조심히 다뤄주고 풍성하게 열매 맺을 수 있도록 부지런히 노력해왔기 때문이지요.

이렇게 가치관이 바로 서 있으면 삶을 살아가는 과정에서 선순환이 계속됩니다.

그런데 더러는 반대의 경우도 있습니다. 안타깝게도 자신의 시그니처가 되는 이 생각을 보물로 여기지 않고 감추려 하는 사람들이 있지요. 오히려 장애물로 생각하고 증오하기도 합니다.

- 나는 왜 이런 생각밖에 하질 못할까?
- 나는 왜 이 상황에서 이렇게밖에 생각하지 못했을까?

스스로의 가치관을 부정적으로 인식하고 살아가는 날이 늘어나면 매사에 의욕이 꺾입니다. 때로는 허무하다고 느끼기도 합니다. 그릇된 가치관을 떨쳐버리려고 노력하지만 이내 꺾입니다. 큰 이불로 덮어서 불을 끄듯 내 가치관을 애써 감춰보기도 합니다. 하지만 내 마음속에 침투해 있는 기본적인 가치관이 변하지 않는다면 한계에 부딪힐 수밖에 없습니다. 두더지 잡기 놀이처럼 다른 모습으로 불쑥 튀어나올 테니까요. 악순환의 고리를 끊기 위해서는 부단한 '생각의 노력'이 필요합니다.

아이들의 행동을 수정하는 가장 쉽고 보편적인 방법 중의 하나가 바로 '보상제도'입니다. 숙제를 잘 해오지 않는 아이, 시간을 잘 지키지 않는 아이, 교실 내에서 지켜야 할 규칙을 잘 지키지 않는 아이, 공부 시간에 집중하지 않고 딴짓을 많이 하는 아이, 친구들을 방해하고 험한 말과 행동을 하는 아이.

이런 아이들의 행동을 바르게 교정하기 위해 보상제도를 씁니다. 바른 행동을 했을 때에는 스티커를 부여하고 그렇지 않았을 때에는 스티커를 부여하지 않는 것이지요. 가정에서도 쉽고 편하게 쓸 수 있는 방법입니다.

그런데 실제로는 보상제도가 모든 어린이들에게 효과를 발휘하지 못합니다. 처음에는 열의에 차서 스티커를 모으기 시작하지만 어떤 아이들에게는 그 효과가 길게 지속되지 못합니다. 아이의 내면에 기본적으로 탑재되어 있는 생각 습관은 변하지 않고 굳건하기 때문입니다. 저 또한 교실에서 보상제도를 사용해 학급을 운영한 경험이 많이 있습니다.

모두에게 동일한 조건으로 보상을 주는데도 불구하고 보상제도로 득을 보는 아이는 따로 있다는 것을 알게 되었습니다. 귀가 솔깃할 만한 보상에도 끝내 행동이 수정되지 못한 아이도 있었다는 것을 고백합니다. 아이의 가치관을 흔들기에는 보상제도의 효과가 역부족이었던 것이지요.

그렇다고 아이들에게 보상제도를 절대 금지해야 한다고 생각하지는 않습니다. 다만 보상제도를 시작하기 전에 아이와의 충분한 사전 교감과 대화가 반드시 필요합니다.

이 보상제도를 왜 하는 것이며, 아이는 어떤 보상을 원하고, 끝까지 달성하기 위해서는 어떤 마음가짐이 필요한지 사전에 아이와 합의를 해야 합니다. 어느 날 갑자기 무조건 스티커 판을 들이대며 시작하는 보상제도는 의미 있는 성공으로 이어지기 힘듭니다.

사전합의만큼이나 중요한 것이 또 있습니다. 중간 과정에서 아이에게 적절한 피드백을 주기적으로 또 지속적으로 주는 것입니다. 단순히 검사하고 스티커만 주는 것이 엄마와 교사의 역할이 아닙니다. 보상제도를 진행할 때 엄마나 교사는 단순한 확인자의 개념을 넘어선 동행자의 역할을 해내야 합니다.

사전합의를 했던 것처럼 중간 과정에서도 우리가 이 보상제도를 왜 진행하고 있는지 지속적으로 일러주어야 하고, 아이의 노력에 대한 칭찬의 말도 잊어서는 안 됩니다. 이런 식의 대화는 아이가 관리당하는 느낌보다 함께하고 있다는 느낌을 들게 하고 꾸준히 지속할 수 있는 힘을 길러줍니다.

스스로 느끼고 생각하는 법을 알려주자

앞서 보상제도의 효과가 제대로 있는 아이는 따로 있다고 말씀드렸지요. 바로 '나의 가치관이 확고한 아이'입니다. 그 아이는 내가 무엇을 잘하는지 알고, 무엇이 부족한지를 알고 있습니다. 내가 무엇을 생각하고 있고, 어떤 생각에 집중할 때 기분이 좋고 편안한지를 압니다. 나의 좋은 습관은 무엇이며 반대로 고쳐야 할 부분이 무엇인지를 잘 알고 있지요. 그렇기에 보상제도를 이용해서 나의 그릇된 습관을 바꾸려고 노력할 수도 있습니다.

결국 지금 우리가 힘써야 하는 것은 우리 아이들이 살아가는 데에 필요한 여러 가치나 태도를 바르게 선택할 수 있게 '스스로 느끼고 생각하는 법'을 익히도록 도움을 주는 일입니다.

그런데 이것이 어떻게 가능해질까요? 아이에게 '나 자신'에 대해 생각해보라고 단순히 지시하면 될까요? 그렇지 않습니다. 아이에게 나 자신에 대해 알아보라는 숙제를 내준다고 해서 되는 것이 결코 아닙니다. 쉽고도 간단한 방법을 알려드리겠습니다. 심심한 상태를 아낌없이 허용하는 것입니다.

요즘 아이들은 참 많이 바쁘지요. 해야 할 것들은 참 많은데 하루는 야속하게도 늘 24시간입니다. 요즘 부모님들도 바쁩니다. 아이들의 알차고 즐거운 주말을 위해 고민하느라 바쁩니다. '이번 주말에는 어딜 가서 무엇을 배워야 할까' '이번 주말에는 어딜 가서 즐겁게 놀아야 할까' '이번 주말에는 무엇을 해야 할까?'라고 생각하고 계획을 세웁니다. 이것이 결코 그릇된 것은 아니지만 이따금 우리 아이들에겐 한가하고 무료한 상태를 제공해주어야 합니다.

아이가 자신의 내면에 깊이 집중해볼 수 있도록 고요한 시간과 장소를 허락합시다. 아이들에게 주어진 시간적 여유는 나라는 존재에 대해 조금씩 생각할 수 있는 기회를 제공합니다. 또한 나에 대해 마음껏 고민하는 상태는 건강한 것입니다.

'나'라는 존재에 집중해봐야 타인에게 '나'를 제대로 소개할 수 있습니다. 지피지기면 백전백승입니다.

한 남자아이의 이야기입니다. 아이의 부모님은 평소에 아이에게 스스로를 탐구할 수 있는 시간을 많이 주었습니다. 학원은 최소한으로 줄이고, 아이에게 어떤 배울거리를 어떻게 제공해주어야 할지에 대한 고민과 강박이 없었습니다. 아이가 무엇을 궁금해 하면 약간의 소스만 제시해줄 뿐이었습니다.

시간적 여유가 많은 아이는 책을 읽기도 했고 놀기도 했으며 만들기도 했습니다. 자유롭게 관심 있는 분야를 탐구할 수 있었습니다. 그러다 수학과 과학에 관심이 많아진 아이는 어느 해 교육청에서 운영하는 영재교육원에 지원해 면접관에게 이런 질문을 받게 됩니다.

"너는 무엇을 잘하는지 이야기해줄 수 있니?"

면접관의 질문에 아이의 대답은 조금의 망설임도 없었다고 합니다.

"네! 저는 혼자서도 엄청 재밌게 잘 놀 수 있습니다!"

여러분도 위 대답에서 '스스로'라는 가치, '즐거움'이라는 가치를 우선시하는 아이의 모습이 보이시나요? 짤막하긴 하지만 단호한 대답에서 아이의 가치관을 엿볼 수 있습니다.

'나에겐 뭐가 있지?' '내가 뭘 할 수 있지?' '나는 무엇을 사랑하지?' 등을 생각할 수 있는 시간을 아이에게 충분히 주세요. 생각 습관 형성의 첫 단계는 바로 이것입니다.

우리 아이에게 오늘 해줄 말

"○○의 주인은 바로 ○○!

오늘은 말이야, '나는 뭘 좋아하지?' '나는 뭐를 잘하지?'

이 2가지에 대해서 생각해볼까?"

첫 번째 생각 습관
_ 긍정

Q 저희 아이는 매사에 부정적입니다. 무엇을 해보자고 했을 때 즐거워하는 것보다 두려워하고 대체로 하기 싫어하며 미리 실패를 직감해 단정짓는 경우가 더 많습니다. 저는 아이가 아이다운 긍정적인 마음을 마음껏 누렸으면 좋겠습니다. 어떻게 도와주어야 할까요?

A 완벽한 선택은 존재하지 않는다는 것을 알려주어야 합니다. 또 무슨 일이든 저마다의 가치가 있다는 것도 알려주어야 합니다. 심지어 실패하고 좌절하는 일조차도 의미가 있다고 알려주어야 합니다.

미술시간, 판화기법 중 공판화에 대해서 배우고 직접 실습해보는 시간이었습니다. 두꺼운 도화지에 밑그림을 그리고 내가 잉크를 묻혀 표현하고 싶은 부분을 가위로 오려냅니다. 이를테면 나무 모양을 단순화해서 그리고 나무의 외곽선을 가위로 오려내는 겁니다. 그 다음엔 나무가 오려내진 종이를 흰 도화지에 고정시키고, 나무 부분에 롤러로 잉크를 묻힙니다. 잉크가 어느 정도 말랐을 때 두꺼운 도화지를 떼어내면 흰 도화지에 나무 문양이 남게 되는 것이지요.

어렵지 않게 도안을 그려야 외곽선을 깔끔하게 오려낼 수 있습니다. 외곽선이 깔끔하게 오려져야 잉크를 묻혔을 때 선명한 판화작품을 얻을 수 있습니다. 롤러에 묻힌 잉크의 양도 중요한 포인트인데, 잉크를 너무 많이 묻히면 외곽선 밖으로 잉크가 새어나가 선명한 작품을 얻을 수 없습니다.

아이들에게 이렇게 차례대로 설명을 해주고 잉크와 롤러를 나누어주었습니다. 그런데 잉크가 묻어 있는 롤러를 차마 도화지에 문지르지 못하는 아이가 있었습니다. 무슨 문제가 생겼나 싶어서 아이에게 갔습니다. 아이는 이렇게 말했습니다.

"선생님, 보나마나 저는 망칠 거예요."

아이는 자신의 작품에는 잉크를 묻힐 필요가 없다고 했습니다. 어차피 망칠 작품이니 그냥 이대로 두고 싶다고도 했습니다. 미술은 과목 특성상 손 조작 능력과 같은 개인의 재능 여부에 따라 작품의 완성도가 사뭇 다를 수 있습니다. 특히 고학년이 되면 될수록 미술과목에서 두각을 드러내는 아이들이 생기면서 작품의 질도 차이가 많이 날 수 있지요. 그렇다고 해서 실제로 해보지도 않고 자기 작품을 무조건 부정적으로 평가할 필요는 없습니다.

다른 사람의 작품과 내 작품을 비교할 필요도 없습니다. 누구도 그렇게 하라고 시키지 않았습니다. 공판화를 이해하고 직접 해보는 일에 초점을 맞춰서 기쁨을 누릴 수도 있습니다. 또한 엄밀히 말해서 모든 예술 작품에는 우열이 있을 수 없습니다. 아름다움을 부여하는 것도 나 자신이고 반대로 추함을 부여하는 것도 나 자신입니다. 생각에 따라 내 작품은 우수할 수도 있고 우스워질 수도 있습니다.

어떤 일을 '할까, 말까?'라는 선택의 기로를 우리는 살면서 많이 만납니다. 이런 선택 앞에서 결정을 내리는 데 주저하게 되는 것은 최선을 다했어도 내가 원하는 만큼의 결과를 얻지 못하는 경우가 종종 있기 때문입니다. 아이들도 마찬가지입니다. 아니, 아이들일수록 이런 경험을 더 많이 합니다.

최선을 다해 열심히 받아쓰기 공부를 했는데 실전에서는 실력을 발휘하지 못해서 100점을 받지 못한 경험, 성심성의껏 그림을 열심히 그렸는데 내 생각만큼 표현되지 않았거나 심지어는 나보다 더 잘 그린 작품을 마주했던 경험, 줄넘기를 잘하고 싶은 마음은 큰데 생각처럼 잘 되지 않았던 경험, 바른 글씨 쓰기 대회에서 정말 열심히 글씨를 썼는데 내가 아닌 다른 아이가 상을 받았던 경험 등. 이런 일들은 사실 아이들을 시무룩하게 만들기에 충분합니다.

이런 때 부정적인 생각 습관까지 더해지면 아이는 자신이 충분히 잘할 수 있는 분야일지라도 어떤 시도조차 하지 않으려 합니다. 반면 긍정적인 생각 습관을 가지고 있는 아이는 실패를 과감히 훌훌 털어낼 줄 압니다. 가장 안타까운 경우는 부정적인 사고방식에 사로잡혀서 실패하지 않기 위해 아무것도 시작하지 못하고 그 자리에 주저앉는 아이입니다. 롤러를 손에 들고도 도화지에 묻히지 못하는 아이처럼 말입니다.

고난의 길도 있음을 알려주자

부모로서, 인생선배로서 우리는 아이들에게 완벽한 선택은 존재하지 않음을 알려주어야 합니다. 우리는 모든 선택의 경우에서 실패할 수도 있고, 성공할 수도 있습니다. 그렇지만 '어느 경우든 후회하지는 않을 것이다'라는 굳건한 신념을 세워주어야 합니다. 완벽한 성공을 거두고 있는 것 같은 친구들도 사실은 많은 실패가 있었던 것임을 알려줍니다.

태어나자마자 목도 잘 가누지 못했던 아기가 처음으로 자기 집 거실을 횡단하기까지 사실은 많은 실패의 과정이 있었다는 이야기도 해주면 도움이 됩니다.

아이가 좋아하는 위인이 있다면 위인전을 읽게 하고 인터뷰나 성공수기와 같은 글을 읽게 하는 것도 도움이 됩니다. 한 번 읽고 끝내는 것이 아니라 여러 번 읽을 수 있도록 아이의 책상 한쪽 편에 붙여주는 것도 좋습니다.

이 세상에는 누구에게나 즐겁고 행복한 일은 없다는 이야기도 자주 들려주세요. 초콜릿을 먹는 일은 과연 모두가 좋아하는 일일까요? 그렇지 않지요. 누구에게나 즐거운 일인 것처럼 보이지만 결코 그렇지 않습니다. 초콜릿을 싫어하는 아이도 분명히 있습니다. 모두가 좋아할 것 같은 일도 누군가는 싫어합니다. 모두가 만족하는 이 세상의 일은 극히 드뭅니다.

오히려 남녀노소를 막론하고 좋아하지는 않지만 해야만 하는 일들이 더 많지요. 결국 어떤 일을 재미있다, 재미없다로 판별하는 사람은 나 자신입니다. 재미없지만 해봐야겠다고 긍정적으로 생각하는 것도 나 자신이고요. 부정적인 생각 습관은 재미있는 일도 그만두게 하지만, 긍정적인 생각 습관은 재미없는 일도 시도하게 합니다.

이것을 알려주기 위해서 부모님이 먼저 하고 싶지 않고 좋아하지 않는 일이지만 즐겁게 하는 모습을 아이들에게 보여주어야 합니다. 어린아이에게 부모의 모습은 절대적인 모습입니다. 심리학자 에리히 프롬은 『사랑의 기술』이라는 책에서 어린아이는 부모의 사랑을 받기 때문에 부모를 사랑하는 것이 아니라고 했습니다. 사랑받기 때문에 사랑해주는 것이 아니라, 아이에게 부모는 그저 신과 같은 절대적인 모습이라 무조건적으로 부모를 사랑한다는 말입니다. 따라서 아이에게 부모의 모습은 그 자체로 귀감이 됩니다.

어수선한 거실을 청소하는 일은 결코 유쾌한 일이 아니지요. 하고 싶지 않은 마음을 아이 앞에서 일부러 숨길 필요는 없습니다. 솔직한 마음을 누군가에게 표현하는 것도 유의미한 일이지요. 하지만 그럼에도 불구하고 이내 거실 청소를 미루지 않고 정리를 하는 모습은 제일 좋은 생각 습관 형성 교육입니다.

우리가 사는 모든 날들이 기쁜 날들로만 채워지면 얼마나 좋을까요? 그렇게만 된다면 얼마나 좋을까요? 슬픈 일, 속상한 일을 기대하는 사람은 아무도 없을 것입니다. 하지만 매일이 기쁜 날들로만 채워진다면, 그 기쁨을 기쁨으로 느끼지 못할 것입니다. 역설적이게도 진정한 기쁨이란 어려움 뒤에 찾아옵니다.

우리 아이들도 마찬가지입니다. 우리 아이들이 진정한 기쁨을 누리려면 크고 작은 어려움도 겪어봐야 합니다. 아이가 어떤 어려움을 겪을 때 진심 어린 위로와 희망의 메시지를 건네주세요. 아이가 '긍정'이라는 생각 습관을 가지는 데 도움이 될 것입니다.

"우리 아이가 살아갈 앞날에 그 어떤 고난도 없게 해주소서"라고 기도하기보다는, "우리 아이 인생길에서 고난을 만나면 그 고난을 기쁜 마음으로 너끈히 넘을 수 있는 탄탄한 긍정의 힘을 주소서. 그리고 곁에서 함께할 수 있는 부모가 되게 하소서"라고 기도하는 것은 어떨까요?

'고난을 함께 이겨낸 경험'의 힘은 큽니다. 한 사람의 두 손은 여럿이 맞잡은 손을 이길 수 없습니다. 고난을 이겨내는 부모님의 모습은 아이에게 가장 좋은 긍정 훈련입니다.

고난을 이겨낸 뒤 가정에 넘쳐흐르는 기쁨을 꼭 만끽해보십시오. 우리 아이의 긍정적인 생각 습관이 도약합니다.

우리 아이에게 오늘 해줄 말

"○○야, 해낼 수 없는 것 같은 생각이 들 때가 있니?

그럴 때마다 엄마와 함께 주문을 외워보자.

'우리는 할 수 있어! 나는 할 수 있어!'라고."

TIP
아이와
대화 나누기

우리가 하는 여러 가지 일 중에는 하고 싶은 일이 있지? 계속 더 많이, 자꾸만 하고 싶어지는 일이 있어. 반대로 하기 싫은 일도 있어. 생각만 해도 머리가 지끈거리고 얼굴이 찌푸려지는 일 말이야.

네가 하고 싶은 일에는 어떤 게 있을까? TV 보기! 게임 원 없이 하기! 먹고 싶은 것만 마음껏 먹기! 늦잠 자기! 사고 싶은 물건 다 사기! 친구들이랑 신나게 하루 종일 놀기! 뭐, 이런 것이 있겠지?

그렇다면 네가 하기 싫은 일은? 음… 숙제하기, 수학 문제집 풀기, 차를 타는 대신 걸어 다니기, 채소 반찬 먹기, 아침 일찍 일어나기, 졸린데 양치질하기, 그림이 하나도 없는 책 읽기! 뭐, 이런 것이 있겠네.

이젠 엄마는 무얼 하고 싶어 하는지 맞춰볼래? 음… 쇼핑하기? 커피 마시면서 수다 떨기, 드라마 시청하기, 여행가기! 뭐 이런 것들이 있어.

그렇다면 이번엔 반대로 엄마가 하기 싫어하는 일을 맞춰볼래? 맞아. 설거지하기, 방청소하기, 음식물쓰레기 버리기! 이런 것이겠지. 그런데 만약 엄마가 하기 싫은 일을 하지 않는다면 어떻게 될까? 우리 집의 모습이 상상이 가지?

사람이라면 누구나 힘들고 귀찮은 것을 싫어해. 편안한 걸 좋아하지. 너희들이 좋아하는 일들을 곰곰히 살펴보면, 너무 많이 했을 때에는 오히려 좋지 않은 것들이야. 반대로 싫어하는 것들을 다시 보니, 귀찮지만 오히려 꼭 해야만 하는 일들이 많지. 만약 우리가 하고 싶은 일만 계속 한다면 우리는 어떤 사람이 될까?

하고 싶은 일만 하면서 살 수도 없고, 하기 싫은 일들만 억지로 하면서 살 수도 없어. 하기 싫은 일이 귀찮고 어렵다고 투덜대지 말고, 우리에게 꼭 필요한 일이니만큼 즐거운 마음으로 으쌰으쌰 해보는 건 어떨까? 물론 엄마, 아빠도 다 함께 같이!

두 번째 생각 습관
_ 끈기

Q 저희 아이는 쉽게 시작은 하지만 끈기 있게 끝까지는 잘 해내지 못하는 편입니다. 인터넷 동영상도 끝까지 보지 않고 다른 동영상을 틀어달라고 하고, 블록 장난감도 끝까지 조립하지 못하고 중간에 자꾸만 포기하고 어른에게 도움을 청하는 편입니다. 어떻게 도와주어야 할까요?

A 아이와 함께 할 수 있는 몇 가지 쉬운 미션을 추천합니다. 거창한 목표가 아닌 소박한 목표라도 끝까지 지속적으로 해보는 것을 적극 추천합니다. 또 아이가 너무 많은 것을 하고 있는 것은 아닌지 체크해볼 필요도 있습니다. 아이가 스트레스 상황에 놓이지 않도록 적당한 쉼을 제공하는 것도 좋습니다.

일주일에 한 번은 반 아이들과 함께 도서실에 갑니다. 교실보다 확연히 많은 책의 종류와 권수 때문인지 아이들은 도서실 가는 시간을 꽤 기다리는 편입니다. 무엇보다 읽을 책을 교사가 정해주지 않고 자유롭게 선택할 수 있는 시간이라는 것도 아이들이 도서실 가는 날을 좋아하는 이유입니다.

그런데 도서실에서 책을 읽는 아이들의 모습을 관찰해보면 한 권을 처음부터 끝까지 정독(精讀)하는 아이들의 모습을 찾기가 은근히 힘듭니다. 저는 아이들에게 정독만을 강요하지는 않습니다. 책을 읽는 방법에는 여러 가지가 있고, 개인의 취향마다 책을 읽는 방법은 당연히 다를 수 있습니다. 초등학교 아이들에게 정독을 강요하는 것은 책에 대한 흥미를 떨어뜨리는 큰 요인이 될 수 있지요. 그런데 제대로 정독할 수 있는 아이들이 해마다 점차 줄어들고 있다는 느낌은 결코 지울 수가 없습니다. 재미가 없어도 끝까지 포기하지 않고 책을 읽는 아이들을 보기가 점차 힘들어집니다.

이것은 아이들의 '집중력'과도 관련이 있습니다. 조금이라도 흥미가 떨어지면 책에 대한 집중력이 여지없이 흔들립니다. 또한 '끈기와 인내'와도 관련이 있습니다. 책을 읽다가 조금이라도 이해하기 어려운 부분이 나오면 더 이상 읽지 않으려고 합니다. 책을 읽는 일을 포기해버리는 것이지요. 요즘 아이들은 책장을 펴는 일도 쉽지만 책장을 덮는 일도 참 쉽습니다.

사실 우리가 살고 있는 시대의 모습이 아이들의 집중력과 끈기, 인내에 영향을 미치고 있습니다. 유튜브에는 정말 많은 볼거리들이 넘쳐납니다. 그 많은 영상들 중에서 어떤 것 하나를 선택하는 일은 그다지 어려운 일이 아닙니다. 손가락을 한 번만 터치하면 영상이 재생되기 때문입니다.

스마트폰은 공간적 제약도 없애주었습니다. 집에서도, 길을 가다가도 언제든지 재생할 수 있습니다. 재생이 쉬운 것은 정지가 쉽다는 말과 같습니다. 내가 선택한 영상에 흥미가 떨어지면 인공지능이 간추려낸 연관 동영상 중 하나를 선택하면 되니까요. 보고 싶었던 텔레비전 프로그램을 신문 편성표에서 찾아낸 뒤 오매불망 그 시간만 기다렸다가 시청하곤 했던 우리 어릴 적과는 사뭇 다른 모습입니다.

신문 기사도 마찬가지입니다. 스마트폰으로 보는 짤막한 헤드라인들 중 보고 싶은 뉴스를 선택한 뒤 결론만 읽습니다. 그리고 곧장 다음 뉴스로 넘어갑니다. 모두 손가락 터치 한두 번이면 가능한 일들입니다. 현대인들은 짧은 시간 동안 빠르게 문서를 읽어내고 문서 간의 이동도 능수능란하게 하지만, 한 문서에는 오래 집중하지 못한다고 전문가들은 지적합니다.

아주 작은 미션부터 시작하자

끈기 있는 습관을 기르기 위해 아주 작은 미션부터 시작해보기를 권합니다. 예를 들어 '하루 10분 책 읽기'와 같은 미션을 시작해보십시오. 오랫동안 지속적으로 하는 것이 끈기를 기르는 데 최고의 방법이므로 미션의 내용은 가급적 적은 노력으로도 충분히 이룰 수 있는 쉬운 것이어야 합니다.

힘에 부치는 미션은 단기간에는 달성하기 쉬우나 끈기 있게 오래 하기에는 버겁습니다. '화목토 줄넘기 50번', '하루에 명언 한 개씩 소리 내어 읽기'와 같은 미션도 끈기를 기르는 데 참 좋아서 추천합니다.

한 권의 책을 끈기 있게 끝까지 읽지 못하는 아이에게는 '슬로우 리딩'을 권합니다. 한 달에 한 권, 슬로우 리딩으로 읽을 책을 선정합니다. 이 때 책은 아이들이 혼자서 끝까지 읽지 못하는 책이 더 좋습니다. 그리고 이틀에 한 챕터씩 함께 읽습니다.

여기서 중요한 점은 책을 읽도록 시키는 것이 아니라 함께 읽는 것입니다. '끈기'라는 생각 습관은 쉽게 얻어지지 않습니다. 부모님도 끈기 있게 지속적으로 도와주어야 합니다.

약 10분의 시간을 슬로우 리딩에 투자해보세요. 아이가 혼자서 끝까지 읽지 못하는 책도 슬로우 리딩으로 정복할 수 있습니

다. 슬로우 리딩으로 한 번 끝까지 읽어본 책은 이제 아이 혼자서
도 언제든지 끝까지 읽을 수 있습니다.

또한 스트레스는 끈기 있는 생각 습관을 기르는 데 최대의 방
해꾼입니다. 스트레스는 우리를 쉽게 지치게 하고 결국 포기하게
만듭니다. 그 포기로 인해 더 큰 스트레스를 받습니다. 자칫하면

	초등학교 3~6학년에게 권하는 슬로우리딩을 하기에 좋은 책		
	책제목	작가 이름	출판사
1	조지의 우주를 여는 비밀열쇠	스티븐 호킹, 루시 호킹	주니어 RHK
2	푸른 사자 와니니	이현	창비
3	구름을 삼켰어요	질 아비에	창비
4	샬롯의 거미줄	E.B. 화이트	시공주니어
5	어느 날 구두에게 생긴 일	황선미	비룡소
6	할머니 가출 작전	황지영	웅진주니어
7	잘못 뽑은 반장	이은재	주니어김영사
8	창가의 토토	구로야나기 테츠코	김영사
9	고래동 천 원 공부방	강효미	상상의집
10	시원탕 옆 기억사진관	박현숙	노란상상
11	트리갭의 샘물	나탈리 배비트	대교출판
12	해리엇	한윤섭	문학동네
13	드림하우스	유은실	문학과지성사
14	2등을 위하여	실비아 태케마	아름다운사람들
15	마당을 나온 암탉	황선미	사계절

최고의 악순환에 빠질 수도 있습니다. 그러므로 가급적 아이들이 스트레스 상황에 놓이지 않도록 몸과 마음의 적절한 휴식을 제공해야 합니다.

그리고 아이가 스트레스 상황에 놓여 있지 않을 때 위와 같은 작은 미션을 진행하도록 합니다. 아이의 감정과 기분에 따라 과제 수행력이 크게 좌지우지된다는 것을 잊지 마시고 융통성을 발휘해 미션을 수행할 수 있도록 도와주셔야 합니다.

에세이 『직업으로서의 소설가』에서 작가 무라카미 하루키는 자신이 소설을 쓰는 방법과 그 단계에 대해 자세히 설명해줍니다. 그중 인상 깊었던 것은 몇 달 혹은 몇 년에 걸쳐서 한 편의 초고를 쓴 뒤 일단 완성을 하고 나면 적어도 한 달 동안은 그 초고를 절대 들춰보지 않는다는 부분이었습니다. 심지어 들춰보기는 커녕 그 원고를 깊숙한 곳에 넣어놓고 그것에 대한 생각은 절대 하지 않는다고 합니다. 그리고 하루키는 그것을 '양생의 단계'라고 이 책에서 표현했습니다.

제품 생산 과정에서 혹은 건축 과정에서 '양생(養生)'이라는 단계가 있습니다. 제품이나 소재를 '재워둔다'는 것입니다. 가만히 놔두면서 바람을 쐬게 한다, 혹은 내부가 단단히 굳도록 한다는 것이지요. 소설도 마찬가지입니다. 이 양생을 확실하게 해주지 않으면 덜 말라서 무른 것, 고르게 배어들지 않은 것이 나온다고 하루키는 말합니다.

'끈기'라는 생각 습관 형성에도 양생의 과정이 꼭 필요합니다. 잘 말라서 견고하고, 고르게 배어들도록 오랜 시간과 공을 들여야 하겠습니다. 이 과정이 때로는 지루하고 답답할 수도 있지만 견딘 만큼 끈기가 자라는 것은 확실합니다.

TIP

아이와
대화 나누기

요즘은 어떤 게임이 인기가 있지? 엄마 아빠가 이제는 게임을 별로 안 해서 어떤 게임이 인기 있는지 잘 모르겠지만 엄마 아빠도 게임을 해본 적이 있지.

사실 엄마 스마트폰에도 게임이 있어. 언젠가 엄마가 말했다시피 시간을 소중히 아껴 쓰려고 게임은 잘 하지 않지만 그래도 가끔씩 머리를 식힐 때 잠깐씩 한 적도 있어.

그런데 엄마가 게임을 해보니까 재미있는 것도 많지만 재미없는 것도 있더라고. 바로바로…, '이게 뭐야! 너무 쉬워!'라는 생각이 드는 게임이야. 너무 쉬운 게임은 시시하고 재미없어. 안 그래? 생각해보니 재미있는 게임은 은근히 어려워. 쉽지 않아서 더 하고 싶어.

'어쭈, 이것 봐라?! 한 번 더 하면 내가 깰 수 있을 것 같은데?'라는 생각으로 더 열심히 하게 되지.

엄마도 며칠 동안 열심히 노력해서 다음 레벨에 올라가고 또

며칠 동안 열심히 노력해서 그 다음 레벨에 올라가서, 드디어 마지막 레벨까지 올라갔어. 그리고 결국 끝판까지 가게 된 거야. 그 게임 속의 '끝판왕'이 등장했어. 아무리 공격해도 죽지 않고 오히려 더 잘 피하고 전보다 훨씬 빠른 속도로 공격하는 끝판왕!

'아, 내가 이 끝판왕을 어떻게 이겨낼 수 있을까?'라고 생각하며 이렇게도 해보고, 저렇게도 해보고, 짬날 때마다 조금씩 도전했지. 몇 번이나 실패한 다음에 끝판왕을 겨우 이겼어.

예~쓰! 아자!

실패에 실패를 거듭한 끝에 끝판왕을 겨우 이겼을 때의 그 쾌감이란! 정말 기분이 좋았단다. 한 단계 깰 때마다 성취감이 어마어마했어.

그렇다면 공부는 어떨까? 공부는 어렵고 머리 아프고 복잡한 것이라는 생각이 저절로 들 거야. 맞아. 공부는 어렵기도 하고. 머리가 아프기도 하고. 복잡하기도 해. 그런데 만약에 공부가 너무 쉽다면? 머리 쓸 것도 없이 답이 쏙쏙 나온다면? 에이~ 시시한 게임하는 것처럼 공부도 영 재미가 없을 거야.

재미있는 게임을 하는 것처럼 공부도, 다른 일들도 한 단계씩 깨어 나가보자. 당연히 쉽지만은 않아. 하지만 ○○가 포기하지 않고, 이겨내려고 노력한다면 게임에서 끝판왕을 이겼을 때의 그 기분을 느낄 수 있을 거야. 우리 ○○, 파이팅!

세 번째 생각 습관
_ 성실

Q 일요일 저녁만 되면 아이의 학교 숙제 때문에 전쟁을 치릅니다. 주말 내내 신경 쓰고 있지 않다가 주말이 끝나갈 때쯤 되자 발등에 불이 떨어져서 황급히 하는 아이를 보니 한숨이 나옵니다. 어떻게 해야 할까요?

A 주말에도 시간을 '규칙적'으로 보내야 합니다. 아이만 규칙적으로 보내면 안 되고 모두 함께 해야 합니다. 아이가 규칙적인 주말 시간을 보낼 수 있게 나름의 계획을 함께 세우는 것이 아주 중요합니다.

매주 '주말 동안 일기 한 편 쓰기'를 숙제로 내주었습니다. 그런데 그 숙제를 전혀 해오지 않은 아이가 있었습니다. 아이에게 무슨 특별한 사정이 있었나, 궁금한 마음에 왜 숙제를 하지 않았냐고 물었더니 아이는 엄마가 하지 말라고 했다며 가장 가까운 가족에게 자신의 잘못을 넘겨버렸습니다.

"엄마가 그랬어요"는 초등학생들이 선생님에게 은근히 자주 하는 귀여운 말실수이자 거짓말입니다. 사실 우리 어른들도 내가 해야 하는 일을 미루고 싶을 때가 상당히 많습니다. 해야 할 이유는 굳이 찾으려 하지 않지만 할 수 없었던 이유는 차고도 넘치게 말할 수 있지요.

어떤 것을 새롭게 배우는 데 있어서 제일 안 좋은 습관은 '아예 시작하지도 않는 것'입니다. 그 다음으로 안 좋은 습관을 꼽자면 시작하긴 했지만 '대충하는 것'입니다.

아이들이 숙제로 제출한 일기장을 검사해봤습니다. 정성 가득히 한 글자 한 글자를 빼곡히 채워 넣은 일기장도 있는가 하면, 누가 봐도 억지로 한 모습이 역력한 일기장도 있습니다. 이는 숙제를 하지 않았다는 오명에서 벗어나기 위한 최소한의 몸짓 같았습니다. 누군가는 일기쓰기 숙제에 30분을 투자했는데, 다른 누군가는 3분을 투자했습니다.

이 둘의 1년 후는 어떨까요? 당연히 결코 같을 수 없습니다. 성실성은 이 둘의 차이를 결코 같게 두지 않습니다.

같은 과제를 두고 '그것을 성실하게 할 것인가? 대충 할 것인가?'를 선택하는 것은 아이의 자유입니다. 자유는 자신이 원하는 방식대로 할 수 있는 것이지만 그것에 대한 대가 또한 엄정히 받아야 하는 것입니다. 성실한 것에 대한 대가도, 성실하지 못했던 것에 대한 대가도 모두 자기 자신에게 돌아옵니다. 일기 한 편을 쓰는 데 30분씩 1년을 투자한 아이의 문장력은 당연히 놀랍게 성장해 있을 겁니다.

성실한 아이는 자신에게 맡겨진 일에 최선을 다해 매진합니다. 따라서 학교에서 성실한 아이는 선생님과 친구들 모두에게 '신뢰'라는 무형의 가치를 공짜로 받습니다. 그 아이라면 믿고 맡길 수가 있다는 것을 누가 말해주지 않아도 주변 아이들이 먼저 눈치를 채는 것이지요. 그렇다 보니 자연스럽게 친구들로부터 많은 인기를 얻습니다. 성실한 아이가 사회성까지 좋은 이유가 바로 이것입니다.

단언컨대 수치로 보이는 성적표나 명석한 두뇌보다 중요한 키워드는 '성실'입니다. 그런데 성실함은 기능적으로 연습해서 단기간에 습득할 수 있는 덕목이 아니기 때문에 몹시 귀합니다. 오랜 시간 가정에서 가족으로부터 보고 듣고 배워서 천천히 몸에 스며들어야 하지요. 애석하게도 성실함을 가르치는 학원도 없습니다.

성실함이란 선물을 아이에게 주고 싶다면?

그렇다면 아이의 성실함을 키워주려면 어떻게 해야 할까요?

<u>첫째, 가족 모두가 규칙적인 생활을 하도록 합니다.</u> 규칙적인 생활은 시간을 절약시켜주기 때문입니다. 모름지기 무엇이든 시간적인 여유가 있어야 정성을 들일 수가 있습니다.

일기 쓰기 숙제를 예로 들어보겠습니다. 규칙적인 패턴 없이 주말을 보낸 아이는 일요일 밤이 되어서야 일기 숙제를 떠올리게 됩니다. 마음속으로는 주말 내내 일기 쓰기 숙제를 염두해 두고 있었겠지만, 아이는 자꾸 미루고 또 미루었을 겁니다. 더 이상 미룰 수 없는 시간이 다가오자 그제서야 일기장을 펼쳐봅니다. 그런데 열심히 최선을 다해 성실히 쓸 수가 없습니다. 왜냐하면 시간이 없기 때문이지요.

일기 쓰기 숙제 외에도 아이에게는 다른 할 일이 아직 많습니다. 샤워도 해야 하고, 책가방도 챙겨야 합니다. 그렇다고 일기 쓰기 숙제를 안 할 수는 없으니 마음만 바쁩니다. 빨리 일기를 써야겠지요. 정성껏 쓸 마음이 있다고 해도 안타깝게도 그럴 시간이 턱없이 부족합니다.

반대로 규칙적인 패턴으로 주말을 보낸 아이는 같은 시간을 보냈음에도 불구하고 시간적 여유가 많습니다. 여기저기에서 시간을 많이 아꼈습니다. 그리고 그렇게 아낀 시간을 일기 쓰기에 좀더 투자할 수 있습니다. 이왕 쓰는 것이니 열심히 최선을 다해 정성을 다해보려는 마음을 실천할 수 있는 여유가 있습니다. 똑같이 24시간을 쓰는데 생활이 규칙적인 어린이는 배울 기회가 더 많이 있습니다. 더 많이 자극받습니다. 어떻습니까? 참으로 이두 아이의 차이가 극명하지요?

여기서의 포인트는 아이 혼자만 규칙적인 생활을 하게끔 시키는 것이 아니라 '함께'해야 한다는 것입니다. 규칙적인 패턴은 혼자서 절대 이룰 수 없습니다. 모두가 함께할 때 비로소 가능하다는 것을 잊으면 안 됩니다.

규칙적인 생활이 몸에 배어 있는 아이는 '밥 먹는 것' '양치하는 것' '손 씻는 것' '잠자리에 드는 것'이 당연한 일과입니다. 그런 일들은 엄마가 부탁해서 하는 일이 아닙니다. "양치질 해야지!" "양치질 했니?" "양치질 좀 해" "양치질 언제 할 거야?"라고 부모님이 간곡히 부탁할 필요가 없습니다. 그야말로 당연한 일과입니다.

그렇다면 초등학생이라면 당연히 규칙적으로 해야 하는 일에는 어떤 것들이 있는지 정리해볼 필요가 있습니다. 이 중에 어떤 항목은 우리 아이가 규칙적으로 해내지만 어떤 항목은 규칙적으로 하지 못해 시간을 낭비하는 항목도 있을 수 있습니다.

- 책을 읽고 제자리에 꽂는가?
- 풀, 가위, 색종이, 사인펜 등 자주 쓰는 학용품의 자리를 알고 정돈하는가?
- 외출하고 돌아오면 스스로 외투를 걸 수 있는가?
- 아침에 일어나 스스로 세수하고 양치하는가?
- 자신이 입고 잤던 잠옷을 개서 정리하는가?
- 학교에 다녀온 뒤 부모님에게 알림장을 보여주는가?
- 다음날 학교에 갈 준비를 하는가?(필통 정리하고 책가방 챙기기)
- 취침 시간, 기상 시간이 일정한가?

둘째, 작고 사소한 일에 집중하려는 특별한 노력이 필요합니다. 교실 뒤 게시판에는 아이들의 미술 작품이 많이 전시되지요. 같은 시간 동안 같은 과제를 했는데 아이마다 작품의 완성도가 다릅니다. 아이가 본래 가지고 있는 예술적인 재능과 실력의 차이도 물론 있겠지요. 그런데 그 실력의 원천은 바로 노력입니다.

실력의 차이는 노력의 차이에서 비롯됩니다. 성실히 임하려는 노력의 크기가 다르니 완성도가 달라집니다. 작품 완성도의 차이는 다른 사람에게 실력의 차이로 비추어질 수 있지요. 작고 사소한 것이라도 성실히 해내려는 마음가짐이 결국 그 아이의 실력이 됩니다.

아래 2가지 대화를 함께 읽어보겠습니다.

대화 #1
_____

아들: "엄마, 다음 주 수요일까지 '가족'과 관련된 사진이나 물건을 가
     져오는 게 숙제인데요. 어떤 걸 가져가는 게 좋을까요?"
엄마: "음… 글쎄? 그냥 대충 아무거나 네가 찾아서 가져가렴."

대화 #2
_____

딸: "아빠. 여기 10번 문제에서요, 풀이과정을 적으라고 하는데 어떻
    게 적어야 할지 모르겠어요."
아빠: "그래? 그냥 대충 적어. 어차피 답만 맞으면 되니까."

내게 맡겨진 것이라면 아주 작은 것이라도 최선을 다하는 습
관이 곧 성실입니다. 시간이 더 많이 걸리더라도 아이가 자신에
게 맡겨진 일에 최선을 다하는 분위기를 조성해주어야 합니다.

그런데 위의 대화에서처럼 '대충'이라는 부모님의 말은 '성
실'이라는 생각 습관을 형성하는 데 걸림돌이 될 뿐입니다. 생활
속에서 우리가 '대충'이라는 말을 가급적 쓰지 않으려는 노력만
해도 아이들은 절대 대충하지 않습니다. 아이들에게 대충하도록
부추기는 모습이 나에게도 있는지 뒤돌아볼 필요가 있습니다.

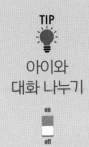

아이와
대화 나누기

엄마(아빠)가 예전에 집에서 쓰던 컴퓨터가 있었어. 5년도 더 된 거라서 속도가 엄청 느렸지. 너희들이 쓰는 말로 '똥컴'이라 할 수 있어. 프로그램 하나 실행시켜도 많이 버벅거렸지. 동영상을 보려고 해도 시간이 많이 걸리고, 사진 같은 걸 수정하고 편집하는 것도 시간이 걸렸어. 그래서 이대로는 안 되겠다 싶어서 마트에 가서 100만 원이 넘는 최고 성능의 컴퓨터를 샀지.

자, 차에 싣고 집에 들어와서 박스 포장을 뜯고 룰루랄라 선도 연결하고 콘센트도 다 꽂았어. 컴퓨터를 켰는데 헉!, 이 새 컴퓨터가 할 줄 아는 게 없네? 동영상도 볼 수가 없고, 한글 문서도 안 되고, 타자 프로그램도 안 돼. 사진 찍은 것을 예쁘게 보정하려고 해도 안 돼.

왜 안 될까 하고 살펴보니 프로그램이 안 깔려 있어서 그랬던 거야. 프로그램이 안 깔려 있으니까 이 새로 사온 컴퓨터가 할 줄 아는 게 없어. 그래서 프로그램 CD로 한글, 포토샵 등을 설치하고 동영상 보는 프로그램도 설치하고 하니까, 이제 좀 쓸 만해졌어.

프로그램이 안 깔려 있으면 아무리 비싸고 좋은 최고 성능의 컴퓨터라도, 그 전에 쓰던 느리고 답답하던 '똥컴'보다도 못한 거야. 제 아무리 좋은 새 컴퓨터라도 프로그램이 깔려 있어야 무언가를 할 수 있어.

사람도 마찬가지야. 부모님이 아무리 건강하고 멋지게 낳아주었어도 노력해서 배우지 않으면 그 사람은 할 줄 아는 게 없어. 축구를 잘하는 축구선수, 기계를 척척 잘 다루는 기술자, 음식을 맛있게 조리할 줄 아는 요리사, 노래를 아름답게 표현하는 가수. 모두 열심히 노력해서 필요한 것들을 배우고 익힌 사람들이야. 태어날 때부터, 처음부터 잘했던 사람들이 아니야.

사람은 컴퓨터와 달라서 몇 분 만에, 몇 시간 만에 프로그램을 깔듯 금방 여러 기술들을 익힐 수는 없겠지. 사람은 컴퓨터와 달라서 새로운 기술을 배우고 익히는 데 시간이 꽤 오래 걸리지. 너희들도 꾸준하게 노력해서 자신만의 멋지고 쓸모 있는 좋은 프로그램을 깔아보렴.

마지막 생각 습관
_ 자발성

Q 6학년이 된 저희 아이는 매사에 엄마가 너무 많이 참견한다고 자주 이야기합니다. 저는 아이의 스케줄을 챙겨주고 관리해주는 것이 전부인데, 아이는 그것을 참견으로 받아들이니 적잖이 당황스럽습니다. 얼마 전에는 과학 숙제를 오늘 하라고 했다가 아이가 민감하게 받아들여서 너무나 놀라기도 했습니다. 아이에게 숙제에 대해 언급을 안 할 수도 없고, 어떻게 해야 할까요?

A 초등학교 6학년인 것을 감안할 때 과학 숙제를 오늘 하라는 지시는 아이에 따라서 다소 민감하게 받아들일 수 있습니다. 부모님은 아이가 해야 할 일을 지시하는 것보다 스스로 생각해서 떠올려보고 챙길 수 있도록 도와주는 편이 훨씬 좋습니다.

20년이 넘도록 교육현장에서 수많은 아이들과 학부모님들을 만나 왔습니다. 그중에는 한 걸음 떨어져 바라보았을 때 매우 안타까운 모습들이 종종 있었습니다. 그것은 바로 '스스로가 자기 인생의 주인공이 되지 못하는 아이들' '자녀의 삶을 대신 살아줄 것 같은 부모들'이었습니다.

모두가 알고 있겠지만 초등학교 시기의 아이들은 아직 부모의 손이 많이 가는 시기입니다. 갓 입학한 1학년 신입생 아이들은 한없이 귀엽기만 하고, 하나부터 열까지 다 가르쳐주어도 겨우 따라 할까 말까 하지요.

그러니 당연히 부모님과 선생님의 도움이 필요합니다. 등교 전에 입을 옷을 골라주어야 하고, 방과 후에 다닐 학원을 정해주어야 하고, 사지 말아야 할 것을 정해주어야 하고, 먹을 것들을 골라주어야 합니다.

"이것은 이렇게 해라, 저것은 저렇게 해라. 이건 된다, 저건 안 된다." 이런 식으로 아이에게 미주알고주알 알려주어야 합니다.

이렇게 손이 많이 가던 아이들도 점점 자랍니다. 어느덧 중학년, 고학년이 되어 머리가 굵어집니다. 어른들과 체격도 비슷해지고, 어른의 도움 없이 스스로 할 수 있는 일들이 점차 많아집니다.

5, 6학년이 되어 이제는 아이 스스로 할 수 있는 일이 많아졌습니다. 그런데 여전히 부모님들은 물가에 내어놓은 아이를 바라보는 것처럼 마음을 놓지 못하는 경우가 많아 몹시 안타깝습니다.

물론 부모님이 자라온 시대와 요즘은 많이 달라 사회에 위험한 것들이 많아졌습니다. 그렇다고 하더라도 분명히 고학년 아이들이라면 스스로 선택하고 결정할 수 있는 것들이 충분히 많이 있습니다.

- 부모의 의욕이 앞서서 자녀의 모든 선택을 부모가 결정해주는 것
- 아이는 나름 심각하게 고민 중이고 노력하는 중인데 그걸 기다리지 못하고 다그치는 것
- 아이는 관심도 없고 아이의 취향도 아닌데 부모가 무리하게 강요하는 것
- 아이는 천하태평인데 부모가 자신의 욕망을 아이에게 투사하는 것
- 아이가 늦되어 부모의 기다림과 응원이 필요한데 부모는 다른 아이와 비교하며 아이에게 불만을 표현하는 것

위의 5가지는 아이의 자발성을 꺾는 대표적인 모습입니다. 아이가 자기 삶의 주인이 되는 일을 방해할 뿐이지요. 언제까지 부모가 자녀의 삶을 대신 살아줄 수 있을까요?

교육심리학을 살펴보면, 초등학교 시기의 아이들은 '구체적 조작기'에 해당합니다. 구체적 조작기의 아이들은 '자기중심적 사고'에서 조금씩 벗어나 '과학적인 사고'가 가능해집니다. 초등

학교 저학년은 아직 자기중심적이고 과학적인 사고를 하지 못합니다. 부모님 입장에서 아이들이 걱정되고 답답해 보이는 게 당연합니다. 하지만 초등학교 고학년이 될수록 점차 주변 사람들을 배려하고, 과학적인 사고를 통해 과정에 따른 결과를 예측할 수 있게 됩니다.

따라서 초등학교 고학년이 되는 아이들은 조금씩 스스로 판단하고 선택하는 연습을 해야 합니다. 그리고 아이들이 자신의 선택에 따른 결과에 책임을 지는 습관을 가지도록 해주어야 합니다.

스스로 선택하고 책임지도록 해야 한다

예를 들어보겠습니다. 담임선생님이 과학 과제물을 내주며 2주의 시간을 주었습니다. 아이에게는 그 숙제를 언제 할 것인지를 결정할 수 있는 선택권이 생겼습니다.

그런데 부모님이 아이에게 "과학 숙제 내주신 것을 미루지 말고 지금 해"라고 말하는 것은 아이의 선택권을 완전히 무시한 것이지요.

위와 같은 말은 저학년에게는 어느 정도 적용할 수 있지만 고학년에게는 적용하기가 참 어렵습니다. 왜냐하면 아이는 권리를 침해당했다고 생각하며 감정이 상하기 때문이지요.

마침 지금 숙제를 하려고 했더라도 부모님의 그 말 한마디 때문에 괜한 반항심이 생기기도 합니다. "숙제가 다다음주 월요일까지구나? 언제 숙제를 하는 게 제일 좋을까? 달력을 함께 보자"라고 말하며 아이가 스스로 날짜를 정할 수 있게 하는 편이 훨씬 더 효과적입니다. 그런 다음 독촉하지 말고 기다려주어야 합니다. 고학년 어린이라면 선택권을 존중해주어야 합니다.

자기 삶의 주인은 바로 자신임을 생각해볼 수 있게 합니다. 더 이상 부모님만, 선생님만 애가 타서 발을 동동 구르지 않도록, 아이 스스로 삶의 주인이 되어 자신이 선택하고 책임지는 습관을 가져야 합니다.

스스로 하고자 하는 생각을 많이 하는 아이가 있습니다. 우리는 이런 아이들을 흔히 '자기주도적인 아이'라고 부릅니다. 반대로 남이 시켜야 하는 아이들도 있습니다. 이 아이들은 시키지 않으면 먼저 시작하지 않습니다. 모두 습관의 차이입니다.

우리 아이에게 어떤 습관을 키워주겠습니까? 당연히 전자이겠지요. 따라서 어떤 일을 해야 할지 머릿속에서 생각하는 연습을 꾸준히 시켜주어야 합니다.

다음에 나오는 대화를 함께 읽어봅시다.

대화

딸 : 엄마, 우리 마트 같이 가요. 나 준비물을 좀 사야 해요.

엄마: 그럴까? 지금이 몇 시지?

딸 : 지금 4시예요.

엄마: 그래. 그럼 우리 지금 마트에 다녀오자. 마트에 다녀와서 할 일
이 뭔지 미리 생각해놓고 출발하자.

딸 : 마트에 다녀와서 영어 학원 숙제랑 일기쓰기 하면 될 것 같아요.

엄마: 엄마는 마트에 다녀와서 다림질을 좀 해야겠다.

위의 대화에서처럼 할 일을 머릿속에 떠올려보고 말하는 연
습은 아이가 자신이 해야 할 일을 스스로 처리하는 힘을 키워줍
니다. 그리고 어떤 것을 먼저 해야 하는지 순서를 정하는 대화도
자주 나누길 적극 추천합니다. 우선순위를 결정하는 능력은 인생
을 주도적으로 사는 아이로 자랄 수 있게 도와줄 것입니다.

'시작이 반'이라는 명언은 유명합니다. 아무것도 하지 않으면
아무것도 시작할 수 없지요. 그러니 내가 누군가의 지시 없이 어
떤 일을 하고자 시작하려는 태도는 무조건 박수 받아야 할 일입
니다. 그것이 공부든, 악기든, 운동이든, 예술이든, 글쓰기든 아이
의 자기주도적인 모습을 마주할 때 격한 칭찬으로 박수쳐주어야
합니다.

이 세상에는 절대적으로 즐겁고 재미있는 일은 존재하지 않습니다. 하지만 내가 생각하고 느끼기에 재미있는 일은 분명 있습니다. 재미있는 일을 찾아 스스로 탐색하는 아이들을 응원해줍시다. 자발성이 자라는 순간은 바로 지금입니다.

오늘은 어떤 물건의 주인 이야기야. 그런데 자신이 주인인데 자기가 주인이라는 걸 잘 모르는 사람이야. 무슨 소리냐고? 잘 들어봐.

어떤 아이가 있는데 부모님이 이 아이에게 자전거를 사주었어. 부모님은 사랑하는 아이를 위해 제법 비싼 돈을 들여 큰맘 먹고 좋은 자전거를 사준 거지. 요즘 유행하는 성능이 좋은 자전거야. 부모님은 아이가 자전거를 재미있게 타기를, 자전거를 타면서 몸이 건강해지기를 바라는 마음에서 사주었대.

이 아이는 처음에는 좀 재미있어 하며 자전거를 자주 탔는데 얼마 안 가서 자전거를 잘 타지 않았대. 부모님 기분이 어땠을까? 맞아. 좀 속상하기 시작했어. 왜냐하면 큰마음을 먹고 꽤 비싼 돈을 주고 자전거를 샀는데 이 아이가 잘 타지 않으니까 부모님이 애가 탈 수밖에.

그래서 부모님은 아이에게 놀이터에 가서 타고 오라고 시키

기도 했고, 쉬는 날에는 아이와 함께 공원에 가서 자전거도 밀어
주면서 같이 타주었대. 그렇게 했는데도 이 아이는 자전거 타기
를 귀찮아하니까, 결국 부모님이 아이에게 "자전거 좀 타라!"며
잔소리를 하게 되었어.

그런데 하루는 이 아이가 부모님에게 이렇게 얘기하는 거야.
"제가 언제 자전거 사달라고 했어요? 나는 자전거를 사달라고 한
적이 없어요. 엄마 아빠가 산 거잖아요."

이 아이는 부모님이 자전거 때문에 잔소리를 자꾸 하니까 오
히려 자전거가 점점 더 싫어지고 미워졌어. 그래서 이 자전거를
점점 더 함부로 대하기 시작했지. 자전거를 발로 차기도 하고, 타
다가 그냥 아무렇게나 세워두고, 지저분한 게 묻어도 신경도 안
썼지. 하나도 아끼지 않았던 거야.

이렇게 생각하기도 했어. '엄마 아빠는 나한테 왜 자전거를
사주어가지고 나를 이렇게 귀찮게 하나?' 결국 처음에 멋지고 반
짝반짝 빛나던 자전거가 조금씩 망가져가고 있었어.

과연 자전거의 주인이 누구일까? 부모님이 아이에게 자전거
를 사주었으니 이 아이가 자전거의 주인이긴 한데, 자전거를 아
끼고 소중하게 생각하는 걸 보면 부모님이 더 자전거의 주인인
것 같아. 이 아이는 자전거가 자기 것이라는 걸 알고 있을까? 혹
시 이 자전거가 엄마 아빠의 것이라고 생각하고 있는 건 아닐까?

그렇다면 네 인생의 주인은 누구일까? 그 자전거의 주인이 그 아이이듯이 네가 지금 살아가고 있는 이 인생의 주인은 바로 네 자신이야. 엄마 아빠가 네 인생의 주인이 아니야. 그런데 자기가 자기 인생의 주인이라는 걸 모르는 사람은 내가 무엇을 좋아하는지, 내가 어떤 사람이 되고 싶은지, 내가 왜 공부를 해야 하는지, 무슨 일을 해야 하는지를 잘 모르겠지.

네가 자전거의 주인이라면 어떻게 해야 할까? 자전거를 아끼고 잘 타고, 다 탄 다음에는 집으로 잘 갖고 와서 깔끔하게 하고, 먼지도 털고, 자물쇠도 잘 채워놓고 해야겠지. 그런 것처럼 네 인생도 네가 주인이야. 누가 대신 아껴주거나 그럴 수가 없어. 누가 대신 살아줄 수도 없지.

내 인생의 주인은 바로 나라는 걸 자주 생각해야 해. 그리고 주인답게 행동하려고 노력해야 해.

가정통신문	**2장을 마무리하며**	확인

'아이의 생각이 아이의 미래를 결정한다'는 말이

전혀 틀린 말은 아닙니다.

아이가 어떤 생각을 하느냐에 따라

아이의 표정이 달라지고, 행동이 달라지며,

말투도 달라지니까요.

이렇게 변화된 생각은 아이의 여러 면을 변화시킵니다.

그렇지만 여러 가지 많은 생각들을 체로 걸러

그중에 좋은 생각만을 마음에 담는 일은 결코 쉽지 않습니다.

좋은 생각이 얼마나 담겼는지,

보이지 않으니 더 조바심이 날 수도 있습니다.

제일 좋은 방법은 아이와 함께 우리도

좋은 생각으로 마음을 채우려는 노력을 기울여보는 일입니다.

진전이 없는 것처럼 보여도

우리도, 아이들도 생각의 결이 훨씬 견고해진답니다.

3장

이쁘게 여미는
우리 아이
'언어' 습관

아이의 생각은
입을 통해 출력된다

Q 요즘 시대에는 원활한 의사소통 능력이 가장 필수라는 말을 들어 본 적이 있습니다. 훌륭한 의사소통 능력을 가진다는 것은 어떤 의미인가요?

A 의사소통 능력은 소리언어, 몸짓언어를 때와 장소에 맞게 사용해 내 생각과 감정을 표현하는 능력을 말합니다. 이것은 언어 습관과 결코 떨어뜨려 생각할 수 없기에 아이들의 바른 언어 습관을 형성하는 데 관심을 기울일 필요가 있습니다.

내 생각과 느낌, 감정을 표현하는 방법에는 여러 가지가 있습니다. 몸짓으로 표현할 수도 있고, 그림으로 표현할 수도 있습니다. 그렇지만 그중에서 언어만큼 내 생각을 구체적으로 표현해내는 방법이 있을까요?

언어는 고등사고능력을 가진 인간만이 누릴 수 있는 가장 중요한 표현 수단입니다. 언어는 말과 글을 가능하게 합니다. 글은 연필과 종이가 필요하고, 글을 쓸 만한 시간과 장소도 필요합니다. 그런데 말은 비교적 시간과 공간의 제약을 받지 않습니다.

언어는 별다른 준비물도 필요 없지요. 그저 건강한 입만 있으면 됩니다. 그러니까 컴퓨터 하드웨어가 내면의 가치관이라면 입은 그것을 출력해주는 출력장치인 셈입니다. 내면에 있던 생각들이 반영되어 입이라는 기관을 통해 말이 됩니다. 잘 생각해보면 이 얼마나 대단한 능력인가요.

나이가 어린아이일수록 말은 생각을 '더' 잘 반영합니다. 쉽게 말해서 아이들은 무척 솔직합니다. 우리 어른들은 생각을 숨기고 말을 할 수 있는데 아이들은 그러지 못합니다. 아이들은 생각하는 그대로 말이 되어 흐릅니다.

그러니 어린아이들의 말은 그들의 생각을 그대로 복사해서 보여준다고 해도 과언이 아닙니다. 예닐곱 살 어린아이들에게 예상치 못한 솔직한 멘트를 듣고서 적잖이 당황했던 경험이 모두에게 한두 번씩 있지요?

그런데 한편으로는 이런 생각도 듭니다. 생각하는 대로 말이 되어 흐른다는 것은 조금 무섭기도 하다고 말이지요. 왜냐하면 내 생각을 들킬 수도 있는 수단이 바로 '말'이니까요.

바르고 아름다운 내 생각이야 얼마든지 들켜도 상관없습니다. 그런데 거칠고 그릇된 내 생각이 입을 통해 필터링 없이 표현 된다면? 생각만으로도 너무 부끄럽습니다. 정말이지 말 그릇이 곧 생각 그릇이며, 생각 그릇이 곧 말 그릇입니다. 내 생각 그릇을 잘 관리해야 하는 이유가 여기에 또 있네요.

다행히도 어린 아기들의 생각 그릇은 너무나 순수하고 귀엽 고 아름답습니다. 그래서 아기들의 입에서 쏟아져 나오는 말들은 모두 보물 같습니다. 시간이 흐름에 따라 생각 그릇도 커져갑니 다. 생각 그릇이 커지다 보니 담을 수 있는 생각들도 많아지겠지 요. 물론 예쁘고 아름다운 생각이 주로 많이 담기겠지만 때로는 거칠고 그릇된 생각과 감정도 담길 겁니다(이것은 아주 자연스러운 현상입니다. 인간은 언제나 행복하고 즐거울 수 없어요. 행복하고 즐거 운 생각도, 속상하고 아쉽고 짜증나는 생각도 모두 다 내 것입니다).

그런데 문제는 점점 학년이 올라가며 내 생각과 감정을 말 로 숨겨야 하는 상황도 생긴다는 것입니다. 다시 말해 때와 장소 에 맞게 내 말을 사용할 수 있어야 한다는 뜻입니다. 힘들고 짜증 나고 속상해서 말로 표현하고 싶어도 참아야 하는 경우가 생깁니 다. 다음의 대화를 함께 읽어봅시다.

대화

민수: 선생님! 오늘 체육시간에 운동장에서 피구하고 싶어요!

교사: 음… 선생님도 그러고 싶은데, 오늘 미세먼지 농도가 매우 나쁨

이라서 체육시간에 운동장으로 나가지 못할 것 같아요.

(몹시 아쉬워하는 아이들)

민수: ……. 선생님 완전 치사해!

영희: 어머… 민수야… 너 선생님한테 그렇게 말하면 어떡해….

의사소통 능력이 중요하다

학수고대했던 체육시간이 순식간에 없어졌으니 아마 아이들은 많이 속상했을 겁니다. 갑자기 속상한 마음이 드니 누군가에게 그 탓을 돌리고 싶었을지도 모릅니다. '매우 나쁨'인 대기질은 실체가 없는 것이니 어떤 사람을 통해 자신의 속상하고 짜증스러운 마음을 투사하고 싶었을지도요.

그런데 아이들 모두가 그런 것은 아닙니다. 속상한 마음을 실제 말로 표현하는 아이들은 그다지 많지 않습니다. 왜냐하면 인간은 사회적 동물이라 관계를 맺으려 하기 때문입니다. 사람과 사람 사이의 관계를 잘 유지하려면 어떤 말과 행동을 가려서 해

야 할지 대부분의 아이들이 알고 있기 때문이지요.

이것이 바로 '의사소통 능력'입니다. 말로 내 생각을 다른 사람들과 소통할 수 있는 능력이지요. 적당한 의사소통 능력을 가지고 있다면 자신의 말을 잘 사용할 줄 압니다.

의사소통 능력에 대한 이야기를 조금 더 해보겠습니다. 우리는 다른 사람들과 소통을 할 때 몸짓과 말을 동시에 사용합니다. 몸짓으로만 혹은 말로만 전달하기는 어렵습니다. 그래서 의사소통 능력은 몸짓언어와 소리언어의 적당한 사용으로 결정됩니다. 따라서 상황에 맞게 몸짓언어와 소리언어를 썼을 때 의사소통 능력이 자라는 것입니다.

교실 상황으로 하나의 예를 들어보겠습니다. 교실에서 수업을 하고 있는데 창밖에서 함박눈이 펑펑 내리기 시작했습니다. 눈 구경을 하러 운동장에 나가자는 교사의 말에 아이들은 당연히 기뻐할 겁니다. 박수를 치고 "선생님, 최고!"라며 엄지를 치켜들 수도 있겠지요. 이런 경우가 참으로 적당하게 몸짓언어와 소리언어를 잘 사용하는 예입니다.

그런데 너무 기분 좋은 나머지 책상을 딛고 올라가 소리를 고래고래 지르는 경우는 어떨까요? 그렇습니다. 몸짓언어도 너무 과하고 소리언어도 너무 과한 예입니다. 몸짓언어와 소리언어의 과한 사용은 결코 훌륭한 의사소통 능력이라고 볼 수 없습니다.

반대로 속마음으로는 너무 기분이 좋은데 어떠한 몸짓이나 말로도 표현하지 않는 경우도 의사소통 능력이 부족한 예입니다. 과장된 몸짓언어와 소리언어의 사용도 문제이지만 과하게 축소된 사용도 적당한 의사소통 능력을 가진 것이라고 볼 수 없습니다.

때로는 하고 싶은 말을 참을 줄도 알아야 합니다. 그것은 말을 아끼는 습관의 기본입니다. 반드시 필요한 말은 해야 되겠지만 상황에 어울리지 않는 쓸데없는 말은 하지 않는 것이 바람직합니다. '침묵은 금'이라는 말이 생긴 이유가 무엇일까요? 내 말그릇을 숨겨야 하는 때와 장소가 분명히 있다는 것을 알려주기 위한 것이겠지요.

한 번 입 밖으로 나온 말은 쏟아진 물과도 같아서 다시 주워 담을 수가 없습니다. 그래서 우리 아이의 언어 습관을 바르게 다듬어주는 일은 생각 습관을 바르게 세워주는 일만큼 중요합니다.

이번 3장의 이야기는 바로 '언어 습관'에 대한 이야기입니다. 우리 아이들이 올바른 언어 습관을 형성할 수 있도록 가정에서 실제로 쉽게 적용할 수 있는 여러 가지 방법들을 나누어보도록 하겠습니다.

우리 아이에게 오늘 해줄 말

"생각 그릇만큼이나 말 그릇도 멋진 우리 ○○.

네 입에서 흐르는 말이

다른 사람을 행복하게도, 불행하게도 만들 수 있단다.

오늘은 어떤 말로 누구를 행복하게 해줄 수 있을까?"

상냥한 말씨의
놀라운 힘

Q 아이가 학교에서 거친 말을 한다고 합니다. 집에서 화가 났을 때 몇 번 욕을 해서 꾸중을 한 적이 있을 뿐 자주 사용하지는 않는 것 같은데, 집 밖에서는 종종 사용하는 것 같습니다. 집에서는 욕을 하는 가족도 없는데 왜 욕을 배워오는 건지 모르겠습니다.

- -

A 아이가 욕을 하는 이유는 약 3가지 정도로 분류할 수 있습니다. 자녀가 어떤 경우인지를 알고 대처하는 요령이 필요합니다.

'웃는 얼굴에 침 못 뱉는다'는 우리 속담이 있지요. 그렇다면 환하게 웃는 얼굴 속 입에서 흘러나오는 말씨는 어떤 느낌일까요? 아마 무척 상냥한 말씨일 거라는 추측이 가능합니다. 웃는 얼굴과 험악한 말씨를 떠올려보세요. 물과 기름 같습니다. 전혀 상상이 안 되지요. 웃는 얼굴과 상냥한 말씨를 떠올려보세요. 이번에는 찰떡같이 잘 어울립니다.

상냥한 말씨는 다른 사람의 마음을 감동시킵니다. 웃는 얼굴과 더불어 '좋은 첫인상'을 결정짓는 중요한 수단이기도 하지요. 자녀가 주변 사람들에게 호감을 사는 아이가 되기를 모든 부모님들이 바랄 것입니다. 다른 사람에게 좋은 인상을 심어주려면 상냥한 말씨와 행동이 필수입니다.

그런데 이것은 억지로 한다고 되는 것이 아니라 어렵습니다. 바로 앞에서 언급했던 대로 마음속 생각 그릇에 상냥함이 담겨 있을 때 자동적으로 상냥한 말씨가 흘러나오는 것이기 때문이지요.

남에게 보이기 위해 상냥하게 말씨를 꾸며낼 수도 있긴 합니다. 하지만 그렇게 꾸며낸 말씨는 결코 오래 지속될 수 없습니다. 거짓된 잠깐의 꾸밈과 장식으로 생각 그릇 전부를 가릴 수는 없을 테니까요.

'상냥한 말씨'가 주변 사람들에게 감동을 선사하고 좋은 인상을 준다면, 안타깝게도 반대의 경우도 있습니다. 바로 '거친 말씨'입니다. 우리가 흔히 '욕설'이라고도 부르는 것입니다. 거친 말씨는 주변 사람들에게 저급한 느낌과 불쾌감을 가져다줍니다. 개인적으로는 가능만 하다면 우리 아이들이 평생 듣지 않고, 배우지도 않았으면 하고 바라는 것이 바로 욕입니다.

말씨는 전염성이 매우 강합니다. 서울에서 태어나 표준말을 구사했던 사람이 지역 방언이 강한 곳에서 살게 되면 자기도 모르게 그 지역 말투를 따라하게 되는 경우를 종종 볼 수 있습니다. 또한 사람마다 특별히 자주 사용하는 특정 어휘가 있지요. 그 사람과 함께 오랜 시간을 지내다 보면 그가 자주 사용하는 특정 어휘를 나도 모르게 따라 말하는 경험도 종종 합니다.

이렇게 말씨는 강한 전염성이 있습니다. 그러니 가급적 거친 말은 '듣지 않는 것'이 방법입니다. 모쪼록 우리 아이들은 평화로운 메시지들만 많이 들을 수 있으면 좋겠습니다. 안타깝게도 욕은 편안한 말보다 4배 정도 우리 뇌에 각인되는 효과가 더 크다고 합니다. 각인 효과가 더해져 전염성이 더욱 강력해지겠지요.

그런데 생각보다 우리 어른들이 욕을 대하는 자세가 관대합니다. 심지어는 욕을 내뱉고 나면 상했던 기분이 다시 좋아진다며 욕의 순기능(?)을 전파하기도 합니다. 어떤 어른은 자신이 방금 전에 말한 욕이 무엇인지 알지를 못합니다. 그야말로 욕이 철썩 붙어버렸습니다. 그래서 자신이 욕을 했는지 여부조차도 인지하지 못하는 것이지요. 간혹 욕 없이는 문장을 말하기가 어려워 보이는 사람도 있습니다.

자신의 아이가 아들이기 때문에 조금 더 강한 이미지를 만들게 하려고 일부러 욕을 가르친다는 학부모님들도 계셨습니다. 남자들의 언어 세계는 욕이 없으면 불가능하기 때문에 어차피 배울 욕이라면 지금부터 막을 필요가 굳이 있겠냐는 반응이셨습니다.

글쎄요. 저는 그 말에 한참 고개를 갸웃거렸습니다. "어차피 어른이 되면 마실 술, 어린 시절부터 마시는 게 왜 안 좋나?"라는 말과 무엇이 다른지 잘 모르겠습니다. 어차피 더러워질 손이라고 과연 씻지 않아도 되는 걸까요? 자녀의 언어 습관을 진단하기 전에, 나는 아이들이 거친 말과 욕을 사용하는 것에 민감한 사람인지 혹은 둔감한 사람인지를 돌이켜 생각해봅시다.

우리 아이가 욕을 한다면?

수년간 관찰하고 경험해본 결과, 아이들이 욕을 배워 말하는 것에는 크게 3가지 부류가 있습니다. 첫 번째로 욕설의 의미를 모르고 단순히 즐거움에, 재미로 내뱉는 경우입니다.

대화

민수: 나 어제 놀이동산 다녀왔지롱~! XX 재밌었어!

교사: 어머나, 민수야. 너 방금 뭐라고 했니?

민수: XX 재밌었다고요!

교사: 재밌었다는 말 앞에 붙은 말을 어디서 배웠는지 말해줄 수 있니?

민수: 태권도 학원에서 형들이 쓰는 말인데 그냥 유행어 같은 거예요.

초등학교 1학년이었던 아이는 자신이 사용한 욕을 '유행어' 정도로 생각하고 있었습니다. 학원에 함께 다니는 형들이 그 말을 한 뒤, 웃는 모습을 보고는 그렇게 생각했었나봅니다. 욕의 뜻과 욕이 가지고 있는 좋지 않은 파급력을 전혀 모르고 있었습니다. 이렇게 아이가 욕을 처음 썼는데 그것이 전혀 의도성이 없는 사용이었다면, 아이에게 과하게 꾸중을 하는 것보다는 천천히 이해시켜가며 이야기를 해주는 것이 좋습니다.

중요한 점은 아이가 그 말을 한 그 즉시 이야기해주어야 한다는 것입니다. 시간이 흐른 뒤에 이야기해주면 효과가 떨어집니다. 이때 부모의 말투는 격앙된 말투보다는 진지한 말투여야 합니다.

"OO야, 건강한 사람이라면 누구나 말을 할 수 있지. 그런데 말에는 쓸수록 좋은 말이 있고 반대로 쓸수록 안 좋은 말이 있어. 일부 어른들 중에서는 쓸수록 안 좋은 말을 많이 하는 사람들도 있긴 한데, 엄마는 우리 OO가 그런 어른으로는 자라지 않았으면 좋겠어. 그런데 우리 OO는 아직 어린이라서 어떤 말이 쓸수록 좋지 않은 것인지 잘 모를 거야. 모르기 때문에 실수할 수도 있는 거지. 방금 '재미있다'는 말 앞에 네가 붙인 그 말은 쓸수록 좋지 않은 말이고 우리 OO에겐 더더욱 어울리지 않는 말이야. 우리 앞으로 그 말은 절대 쓰지 않도록 하자."

두 번째로 거친 말이 가지고 있는 힘을 알고 있는 경우입니다. 주로 상대방을 제압하거나 겁주려는 등 위협의 용도로 말을 사용하려고 하지요. 이런 친구들은 사실 많지 않습니다. 학교 현장에서 욕을 사용하는 아이들을 자주 만나지는 못했습니다. 아이들 자신도 그 말이 가져다주는 분위기를 알고 있어서 선생님 앞에서는 나름대로 삼가기 때문이지요.

그런데 분노를 제어하지 못하는 순간을 맞이하면 자신의 분노를 말로 분출합니다. 화를 다스리는 방법을 잘못 선택한 경우입니다. 이럴 때에는 일단 화를 느끼는 아이의 마음을 읽어주고 분노를 다스리는 방법을 알려주어야 합니다.

분명히 한 번의 지도로 고쳐지지는 않습니다. 지속적으로 도움을 주어야 하며 아이가 화를 잘 다스리는 모습을 발견했을 때에는 칭찬을 아끼지 말아야 합니다. 기분에 공감해줄 때에는 다정한 말투로, 나쁜 말을 참아보자고 말할 때에는 단호한 말투여야 합니다.

- 우리 OO가 지금 기분이 많이 안 좋은가보다. 그렇지? 무슨 일이 있었는지 말해줄 수 있니?
- 우리 OO가 그 일 때문에 기분이 많이 안 좋았구나. 엄마라도 정말 많이 속상했을 것 같아. 그 마음을 충분히 이해해.

• 화는 우리 입이 자꾸 나쁜 말을 하게 시켜. 그래서 지금 OO도 그런 나쁜 말을 한 거야. 우리 OO의 진심은 그게 아닌데 자꾸 마음과는 반대로 나쁜 말을 하게 되지. 엄마도 그랬어. 그런데 엄마가 찾은 방법이 있어. 화가 정말 많이 났을 때에는 나쁜 말이 불쑥 나오지 않게 차라리 아무 말을 하지 않고 참아보는 거야. 효과가 있을 거야!

마지막으로 흔치는 않지만 상대방이 나에게 먼저 욕을 해서 나도 따라 하는 경우가 있습니다. 비슷하게는 친한 친구들이 모두 쓰기 때문에 나만 안 쓸 수가 없어서 따라 하는 경우도 있습니다.

상대방의 거친 말과 욕이 나의 화를 돋우고 분노를 일으키게 할 때에는 어떻게 하라고 가르쳐야 할까요? 똑같이 거친 말과 욕으로 맞불을 놓으라고 해야 할까요?

저는 먼저 침묵할 것을 권합니다. 물론 침묵하는 것이 결코 쉽지 않습니다. 그렇지만 격앙된 감정이 수그러들 때까지 일단은 참고 기다릴 것을 권합니다. 무슨 일이 있어도 상대방과 같은 방법으로 응수할 필요가 전혀 없다고 가르칩니다. 다른 사람 때문에 내 말 그릇을, 내 입을 더럽힐 필요가 없다고 가르칩니다.

차라리 못 들은 척하거나, 아예 무시해버리는 것도 좋은 방법입니다. 결국 상대방이 원하는 것은 나의 기분 상한 모습일 테니까요. 기대했던 모습이 내게서 별로 느껴지지 않는다면 오히려 머쓱해지는 사람은 바로 상대방일 겁니다.

그런데 아이들은 어디에서 욕을 많이 배울까요? 1, 2학년 아이들은 자신보다 나이가 조금 더 많은 형과 누나, 오빠와 언니에게 처음 듣고 배웠다고 고백합니다. 그런데 5, 6학년 아이들은 다른 대답을 합니다. 바로 인터넷입니다.

인터넷상에서 이루어지는 익명성의 대화는 자신이 쓰는 언어에 가치를 뺏습니다. 익명성에 숨어서 자극적이고 심한 말을 아무렇게나 던져버리는 것입니다. 내 손끝으로 화면에 탄생된 말들도 내가 책임져야 하는 말이라는 것을 인지하는 어린이들은 많지 않습니다. 바른 스마트폰 사용 예절, 인터넷 사용 예절을 부모님이 시시때때로 가르쳐야 하는 이유입니다.

평소 아이가 고운 말을 쓸 때에 감동적인 칭찬으로 아이에게 화답해주는 것은 사실 제일 좋은 언어 습관 형성 방법입니다. 아이에게서 흘러나와 공기 중으로 흩어지는 예쁘고 상냥한 말씨들을 오랫동안 기억해주고 떠올려주세요. 아이에게서 어떤 선물을 받고 싶으신가요? 동그라미로 가득 찬 성적표보다 아이에게서 들리는 상냥한 말씨들에 더욱 감동해주는 건 어떨까요?

우리 아이에게 오늘 해줄 말

"사랑하는 우리 아들(딸) ○○야.

우리 ○○가 아주 어린 아기라서 아무 말도 하지 못했을 때

엄마(아빠)는 우리 ○○의 입에서 나오는 첫 마디는 뭘까?

무척 기대가 됐단다.

처음 우리 ○○가 '엄마(아빠)'라고 부르던 날.

앞으로 우리 ○○의 입에서는 아름다운 말들만

흘러나오기를 바란다고 기도했지.

우리 ○○의 입에 듣기 좋은 말들만 가득 찼으면 좋겠다."

아이는 마법의 문장을
하루에 몇 번 말하는가?

Q 남자아이, 여자아이 상관없이 예쁘게 말하는 아이가 너무 사랑스럽더라고요. 우리 아이도 예쁜 말로 어디에서나 사랑받는 아이로 자랐으면 하는데 특별한 비결이 있을까요?

A 있습니다. '매직 센텐스'를 알려주고, 부모님도 꼭 같이 쓰세요.

1년 중, 아이들을 만나는 첫 날, 첫 시간. 아이들에게 "선생님에게 궁금한 점이 있으면 질문을 해도 좋다"고 말했습니다. 아이들이 처음 만난 담임선생님에게 가장 궁금한 점은 무엇일까요? 선생님의 나이? 선생님의 결혼 여부? 이 질문들도 늘 등장하는 질문이지만 이 질문들만큼이나 해마다 빠지지 않는 질문이 하나 있습니다.

"선생님! 선생님은 어떤 아이를 좋아하세요?"

질문에 대한 제 대답은 무엇일까요? 이 질문이 나올 줄 알고 저 또한 늘 대답할 준비를 하고 있습니다.

"선생님은요, 모든 아이들을 다 좋아하지만, 특별히 더 좋아하는 아이가 있지요. 바로바로~ '고맙습니다!'라고 많이 말하는 아이를 좋아한답니다."

다른 사람이 말하는 단어 하나에 사람의 마음이 움직인다고 하지요. 정말 솔직한 마음으로 저는 "고맙습니다"라고 자주 말하는 어린이가 정말 예뻐 보입니다. 사실 "고맙습니다"라고 자주 말하는 어른도 참 좋아합니다. 그런 사람들은 다시 한 번 바라보게 됩니다. 왠지 좋은 사람일 것 같은 강한 느낌이 들어요. "고마워"라고 자주 말하는 친구들도 참 좋아합니다. 단어 하나에도 사람의 마음이 움직인다는데 "고맙습니다"라는 말을 들었을 때 기분이 좋아지는 건 저에게만 해당되는 이야기는 아니겠지요?

아이들 사이에서도 고맙다고 이야기를 많이 하는 친구들은 인기가 좋습니다. 누군가에게서 고맙다는 이야기를 들으면 왠지 모르게 내가 꽤 괜찮은 사람인 것 같은 느낌을 들게 합니다. 나를 고맙게 여기는 사람에게는 본능적인 이끌림이 있습니다. 고맙다는 칭찬을 듣기 위해서 자꾸 그 아이 옆에 가고 싶어요.

누군가에게 인정받고 싶은 욕구는 어른보다 어린아이에게 더 강력합니다. 그래서 저는 이렇게 다른 사람으로부터 호감을 얻을 수 있는 문장 몇 개를 '매직 센텐스(magic sentence)'라고 부릅니다. 말 한마디 했을 뿐인데 그 효과는 마술처럼 놀라운 것이 바로 매직 센텐스입니다. 그리고 하루에 적어도 한 번씩은 꼭 교실에서 말하도록 지도합니다.

우리 아이들은 조금씩 사회 속으로 나아갑니다. 부모님의 도움이 필수적이었던 어린 시절에서부터 점차 부모님의 도움이 없는 세상 속으로 점점 더 나아갑니다. 그러다 성인이 되면 어엿한 사회 구성원으로서 이 세상에서 살아남아야 합니다.

"저 친구는 참 사회생활을 잘해!"라고 인정받는 사람들을 보면 공통적인 점이 있습니다. 말을 잘합니다. 기분 좋게 하는 말이 자연스럽고 능수능란합니다. 당연히 연습이 필요하고 말을 잘하는 습관이 필요하겠지요.

그런데 안타깝게도 요즘 아이들은 "고맙습니다" "감사합니다"라는 말을 의외로 잘 하지 않습니다. 저는 아이들이 억지로라도 "고맙습니다" "감사합니다"라고 말하는 것을 연습했으면 좋겠습니다. 첫 번째 매직 센텐스는 "고마워"입니다.

억지로 큰 소리로 웃다 보면 진짜로 웃음이 터져버리는 웃음치료처럼, 감사하다고 억지로 말하다 보면 진짜로 감사해지는 경험을 우리 아이들이 많이 했으면 좋겠습니다. 수줍어서 표현을 못하는 건지, 마음속에 정말 고마움이 없고 당연하다고 생각해서 그런 건지 모르겠지만, 고마움을 표현하는 데 상당히 인색한 아이들은 정말 안타깝습니다 .

예를 들어 아이가 가위를 빌리러 왔습니다. 선생님은 서랍에서 가위를 찾아서 빌려줍니다. 그러면 아이는 받아서 그냥 제 자리로 갑니다. 이럴 때면 선생님으로서 민망하지만 엎드려 절 받듯이 "뭐 빼먹은 말 없니?"라고 물어볼 때가 종종 있습니다. 아이는 머쓱해하며 "고맙습니다"라고 속삭입니다. 고마움의 표현은 충분히 많이 해도 지나침이 없습니다.

아이의 삶을 바꾸는 "고마워" "미안해" "괜찮아"

그런데 우리는 아이에게 얼마나 자주 이야기하고 있나요? 우리는 하루에 몇 번이나 이 말을 들려주고 있을까요? 우리 아이는 오늘 하루를 살면서 누구에게 고맙다는 이야기를 들어봤을까요?

- 오늘 하루 즐겁게 지내주어서 고마워.
- 맛있게 먹어주어서 고마워.

- 재밌게 이야기 들어주어서 고마워.

- 엄마를 도와주어서 고마워.

- 아빠에게 고맙다고 말해주어서 고마워.

- **스스로 시작해주어서 고마워.**

고맙다고 말할 거리가 없다고요? 그렇다면 학교와 학원에 다녀오는 아이에게 저녁 무렵 만나자마자 이야기해주세요. "수고했어. 오늘도 고마워!" 아이는 무엇이 고맙냐고 물을지도 모릅니다. 그럼 그냥 이렇게 또 말해주면 되지요. "모르겠네? 그냥 우리 아들(딸)에게 막 갑자기 고마운 마음이 드네?"라고요.

감사하다고 말하면 감사가 흘러넘칩니다. 이 세상에 있는 대부분의 것들은 흘러넘치면 오히려 부작용을 낳지요. '감사'만큼은 흘러 넘쳐도 부작용이 없으니 더 많이 흘러넘칠 수 있게 부지런히 이야기를 나누는 가정을 만들어봅시다.

또 하나의 매직 센텐스가 있습니다. 바로 "미안해"입니다.

사람은 누구나 실수하고 실패합니다. 실수와 실패를 고의적으로 하는 사람은 없습니다. 대부분은 나도 모르게 저지르고 맙니다. 의도성이 짙든, 그렇지 않든 나의 실수는 나의 실패로 끝나지 않는 경우도 많습니다.

더러는 나의 실수가 나의 피해를 넘어서 다른 사람에게까지 그 피해가 전달될 수도 있습니다. 내가 쓰러트린 물컵이 내 자리가 아닌, 다른 사람의 자리에 물을 쏟게 할 수도 있고 짝꿍이 제일 아끼는 크레파스를 실수로 두 동강나게 할 수도 있습니다. 이럴 때 필요한 것이 바로 적극적인 사과의 표현입니다. "친구야 정말… 미안해…" 소극적인 사과는 오히려 상대방을 화나게 할 수 있습니다. 그저 상황을 회피하기 위한 면피용 멘트로 느껴질 수 있기 때문이지요.

그런데 교실에서 만나는 아이들 중 미안하다고 말 하는 것에 특히 인색한 아이들이 있습니다. 사과하는 것은 곧 패배를 뜻한다고 생각합니다. 미안하다고 말하는 것이 정말 진 게임일까요? 그렇지 않습니다. 자신의 결점을 스스로 인정하는 자세야말로 참된 용기입니다. 결국 미안하다고 말할 수 있는 아이가 용기 있는 승자입니다.

저는 아이들에게 미안하다는 말은 아끼지 않아야 한다고 강조합니다. 그래서 미안한 일이 생겼을 때에는 적어도 3번 미안하다고 말하라고 지도합니다. 정말로 미안하니까 "미안해"라고 한 번 말하고, 친구가 듣지 못했을 수도 있으니 다시 한 번 "미안해"라고 말합니다. 마지막으로 정말 미안한 마음을 또 한 번 전달하기 위해 "미안해"라고 말하는 것이라고요.

이렇게 진심이 담긴 세 번의 사과에 마음이 풀리지 않을 교실

내의 사건과 사고는 거의 없습니다. 우리네 삶도 그렇습니다. 웬만큼 큰 사건과 사고가 아니고서야 진정한 사과의 말 세 번이면 마음이 스르르 녹는 것이 인지상정이지요.

마지막으로 추천하는 매직 센텐스는 "괜찮아"입니다. 사과할 줄 아는 용기만큼이나 중요한 것은 용서할 줄 아는 용기입니다. 내가 완벽하지 않듯 다른 사람도 그럴 수 있다는 관대한 마음을 말로 표현하는 일은 주변인들에게 호감을 사는 또 하나의 마술 같은 문장입니다. 친구가 가진 단점을 들춰내기에 바쁘지 않았으면 좋겠습니다. 친구의 결점은 덮어주고 채워주는 말을 많이 하는 아이는 인기가 없을 이유가 없습니다.

"괜찮아, 그럴 수도 있지 뭐. 다음부턴 조심해줘"라는 말을 친구에게 들어본 경험은 소중합니다. 내 허물을 이해하고 눈감아주는 말을 들었을 때의 고마움을 오래도록 기억해야 합니다. 많이 들어본 아이는 많이 말할 수 있습니다.

- 고마워.
- 미안해.
- 괜찮아.

우리도 이 마법의 말들을 아이들에게 아끼지 않도록 합시다.

아이와
대화 나누기

아들(딸)아, 어른들이 너희들에게 "아껴 써야 한다"라고 말하는 것들이 많지? 무엇을 아껴 써야 하는지 생각해볼까? 돈을 아껴 써라, 전기를 아껴 써라, 물을 아껴 써라, 학용품을 소중하게 아껴 써라 등 아껴 써야 하는 것들이 참 많구나. 전기, 물, 학용품, 휴지 등 모두 당연히 아껴 써야 해. 그래야 에너지도 절약하고 돈도 아낄 수 있잖아.

그런데 오늘 엄마(아빠)가 하려는 이야기는 '아껴라'가 아니라 반대로 '아끼지 마라'는 이야기야. 오잉? 무슨 이야기인지 궁금하지?

아끼지 않아도 되는데 너무 아끼는 게 있어. 아껴도 너무 아껴. 너희가 너무나 지나치게 아끼는 건 바로 "고마워, 미안해"라는 말이야. 그렇게 아끼지 않아도 되는데 어찌나 아끼는지, 원…．

선생님이 미술시간에 도화지를 나눠주어도, 가위를 빌려주어도 "고맙습니다, 감사합니다" 이런 말을 잘 안 하는 거야. 그럼 선

생님은 이렇게 생각하실 거야. '음… 별로 안 고마워서 그러나?'

짝꿍이 지우개를 빌려주어도, 급식당번이 급식을 나누어주어도, 가정통신문을 어떤 친구가 나누어줄 때도, 고맙다는 말을 잘 안 해. 부모님이 밥을 차려주셔도, 맛있는 음식을 사주셔도, 빨래를 해주셔도, 아플 때 병원에 데려가주셔도, 방학 때나 주말에 멋진 곳이나 재미있는 곳에 가족 나들이를 데려가주셔도 고맙다는 이야기를 꽁꽁 숨겨두고 아껴.

사실은 마음속으로는 정말 고마울 텐데, 왜 "고맙습니다"라는 말을 잘 안 하는 걸까? 괜히 부끄러워서 그럴 수도 있고, 당연한 거니까 고맙다는 말을 빼놓기도 하겠지. 그래도 고맙다는 말을 꽁꽁 아끼고 숨기면 고마워하는 내 마음도 꽁꽁 묶일 거야.

'내가 그동안 고맙다는 말을 잘 했나?' 한번 곰곰이 생각해보렴. 내가 평소에 "고마워, 고맙습니다"라는 말을 잘 쓰고 있는지, 아니면 구두쇠처럼 그 말들을 숨겨두면서 아끼고 있는지.

아, 그러고 보니 또 있다. 아끼지 않아도 되는데 아끼는 말! 그건 바로 '미안해'라는 말이야. 친구랑 서로 지나쳐 가다 몸이 툭 부딪혀도 한 번 쳐다보기만 하고 미안하다는 말을 잘 안 하더라. 친구에게 장난을 쳐서 괴롭혀놓고서는 헤헤 웃으며 통쾌해하기만 할 뿐, 미안하다는 말을 잘 하지 않더라. 그 말 한 마디면 서로 기분좋게 지낼 수 있는데 말이야. 미안해라는 말이 없으면 서로 오해할 수 있고, 친구 사이가 틀어질 수 있잖아. 미안해라는 말은 너무 아끼지 않아도 돼.

그래서 엄마(아빠)가 오늘 너에게 이야기하는 거야. 엄마(아빠)는 우리 OO가 "고마워, 미안해"라는 말들을 아껴 쓰지 말고 자주 펑펑 쓰길 바란다. 엄마(아빠)도 앞으로는 그 말들만큼은 아끼지 않고 마구 낭비해야겠어. 그러면 어떤 일이 생길까? 어떤 일이 벌어질까? 우리 집에 어떤 변화가 일어날까?

거짓말을 자주 하는
아이의 습관 고치기

Q 근래 들어 사소한 거짓말을 자주 하는 초등학교 2학년 딸아이가 너무 밉습니다. 빤히 보이는 거짓말을 아무렇지도 않게 하니 순수했던 아이의 예전 모습이 그리워집니다. 자꾸만 거짓말을 하는 아이, 도대체 왜 이러는 걸까요?

A 어느 정도의 거짓말은 자연스러운 현상입니다. 횟수와 정도를 지켜보고 개입해야 합니다. 부모님과 아이가 솔직한 대화를 많이 나누는 것이 중요한데, 기분 좋고 즐거운 이야기만 나누는 것이 아니라 속상하고 슬펐던 경험에 대해서도 대화를 많이 나누는 것을 추천합니다.

유아기의 아이들이 어른들과 다른 점 하나는 그들이 거짓 없이 순수하다는 점입니다. 이 시기의 아이들은 꿈과 현실을 잘 비교하지 못하지요. 그래서 가끔 실제 일어나지 않은 일을 일어난 것처럼 이야기하는 실수를 범하기도 합니다만 그 말에는 결코 의도성이 없습니다. 다른 사람을 속여서 골탕 먹일 목적이 전혀 없지요. 거짓말을 할 필요가 없습니다. 거짓말을 할 수 없는 생활 패턴입니다.

유아기 아이들은 부모와 함께 보내는 시간이 절대적으로 많습니다. 어린이집이나 유치원에서의 생활처럼 부모님과 떨어져 보내는 시간에 대해서는 선생님에게 일상을 매일 전해 들을 수 있습니다. 그래서 많은 부모님들은 우리 아이가 거짓말을 한다는 상상을 거의 하지 않습니다. 우리 아이가 아무렇지도 않은 표정으로 능수능란하게 거짓말을 하는 것을 부모님은 아무래도 상상할 수가 없습니다.

그런데 아이들이 집 밖에서 보내는 시간이 길어질수록 부모님은 아이의 모든 생활과 일거수일투족에 대해 점점 자세하게 알 수 없어집니다. 아이들은 부모님에게 숨길 수 있는 시간이 점차 늘어납니다. 그리고 그 시간은 간혹 거짓말을 낳을 수 있습니다.

거짓말을 할 줄 몰랐던 순수하고 정직했던 우리 아이도 예외가 아닙니다. 충분히 그럴 수 있습니다. 아래 대화를 읽어봅시다.

대화 #1

엄마: OO야, 오늘 학교 재밌었니?

아들: 네. 재밌었어요.

엄마: 오늘 선생님하고 어떤 이야기 나눴어?

아들: 음… 모르겠어요.

엄마: 오늘 선생님하고 이야기 안 했어?

아들: 음… 아뇨? 했어요. 선생님이 나 글씨 잘 썼다고 칭찬해주셨어요.

엄마: 어머나~ 정말?

대화 #2

엄마: OO야, 오늘은 학교에서 수학 쪽지시험 잘 봤니?

딸 : 음… 네!

엄마: 어떤 문제가 나왔는데? 점수는 몇 점이야?

딸 : 음… 그냥 분수 더하기 빼기 문제 20개 정도였어요.

엄마: 몇 점이야?

딸 : 음… 한두 개 정도 틀린 것 같아요.

엄마: 한 개? 2개? 한 개 틀린 거야, 2개 틀린 거야?

딸 : 모르겠어요. 잘 기억이 안 나요.

거짓말하는 습관을 고치려면?

대화 1에서처럼 학교생활을 묻는 엄마를 향해 딱히 할 말이 없던 아이가 글씨를 잘 써서 선생님에게 칭찬받았다는 가벼운 거짓말을 했더니, 엄마가 한껏 행복해하며 더 큰 칭찬으로 화답해 주셨습니다. 이런 일이 자주 반복되면 아이는 부모님이 잘 알 수 없는 학교생활에 대해 거짓말로 꾸며 말하는 일이 잦아집니다.

대화 2에서처럼 시험 성적에 대해 거짓말을 하기도 합니다. 사실은 자신이 몇 개를 틀렸는지 정확히 기억하고 있으면서 부모님에게는 잘 기억나지 않는다고 말하는 것도 아이들의 거짓말이지요.

그렇지만 이 정도라면 너무 걱정할 필요는 없습니다. 단지 인정받고 칭찬받고 싶은 욕구가 컸기 때문입니다. 하지만 이런 거짓말의 횟수가 너무 잦고 더 큰 거짓말로 발전하고 있다면 반드시 멈추게 해줄 필요가 있습니다.

사실 거짓말을 하는 것은 자연스러운 본능입니다. 사람은 누구에게나 다른 사람에게 인정받고 싶은 욕구를 가지고 있기 때문이지요. 특히 아이들은 자신의 부모님에게 인정받고 싶어 합니다. 인정받는 것은 곧 칭찬받는 것이고, 아이들은 부모님에게 칭찬을 받을 때 부모님에게 사랑받고 있음을 느낍니다. 아이들에게 있어서 절대적인 존재인 부모님에게 사랑을 갈구하는 본능은 지극히 당연합니다.

그런데 거짓말을 많이 하는 사람들에게는 한 가지 특징이 있습니다. 다른 사람을 잘 믿지 않는다는 것이지요. 일단 의심을 먼저 합니다. 자기 자신이 다른 사람에게 거짓을 자주 말하니 다른 사람들도 자신처럼 거짓말을 자주 할 것이라고 판단하기 때문입니다. 상대방을 잘 믿지 못하니 진실을 가르쳐주어도 쉽게 인정하지 않습니다.

우리 어른들의 일상이 그렇듯이 아이들의 일상도 언제나 행복하고 즐거울 수는 없습니다. 선생님에게 칭찬받는 날도 있지만 아무리 노력하는 아이더라도 선생님에게 꾸중받는 날도 생깁니다. 친구들에게 박수받는 날도 있지만 친구들로부터 마음에 상처를 받는 날도 분명히 있어요.

그런데 대부분의 부모님은 아이가 즐거웠고 행복한 하루를 보냈기를 바랍니다. 아무도 자신의 아이가 속상하기를 바라지는 않지요. 그래서 아이에게 이렇게 자주 묻습니다.

- 오늘 재밌었지?
- 오늘 선생님에게 어떤 칭찬 받았어?

아이가 실제로 재밌었던 날에, 선생님에게 칭찬받은 날에 저런 질문을 듣는다면 아이는 너무나 신이 나서 이야기해주겠지요. 그런데 하필 재밌지도 않았고, 칭찬도 받지 않고, 오히려 꾸중을 받은 날에는 참 대답하기가 어렵습니다. 솔직하게 이야기하자니 실망할 부모님의 얼굴이 먼저 떠오를 수 있어요. 가끔은 아이에게 "오늘 혹시 속상한 일이 있었어?"라고 물어도 봅시다. 그리고 이런 대화를 나눌 수도 있어요.

대화

엄마: 엄마는 오늘 조금 속상한 일이 있었어. 아침에 출근을 하는데 버스도 너무 늦게 오고, 하필이면 앉아서 갈 수 있는 자리도 하나도 없고… 아침부터 힘이 들어서 그런지 자꾸 실수하고 일이 잘 안 되는 거야.

아들: 엄마 진짜 힘들었겠다.

엄마: 감기가 오려는지 몸도 힘들고 그랬는데, 우리 아들(딸)에게 지금 말하고 나니까 기분이 많이 좋아지는데? 엄마 이야기 들어주서 고마워.

때로는 부모님이 먼저 솔직하게 하루를 털어놓는 겁니다. 부모님의 일상도 매일이 행복으로 가득한 건 아니니까요. 부모님의

하루도 완벽하지 않다는 것을 아이 앞에서 고백해보세요. 부모님
이 먼저 솔직하게 대화의 물꼬를 터야 아이 또한 아이의 허물을
자연스럽게 고백할 수 있습니다. 나쁜 감정은 무조건 덮어두어야
하는 것이 아닙니다. 나쁜 감정도 바깥으로 꺼내어 환기시켜주어
야 합니다.

아이의 솔직한 감정을 들어줄 수 있는 가장 최고의 존재가 바
로 우리입니다. 아이의 솔직한 이야기를 들었을 때 꾸중하고 야
단치지 말고, 공감하며 들어주세요. 아이는 앞으로 자신의 허물을
부모 앞에서 절대 포장하는 거짓말을 하지 않을 겁니다. 솔직하
게 공개할 수 있습니다. 또 부모님을 위로해줄 수 있는 어린이로
자라나겠지요.

- 얘들아, 우리 아빠가 어제 새 스마트폰 사준다고 했다~, 진짜 좋
  겠지?
- 얘들아, 우리 엄마가 다음에 여기 갈 거라고 했다~, 진짜 부럽지?

어린이들 중에는 친구들이 딱히 묻지도 않았는데 이런 말을
뜬금없이 하는 아이들이 있습니다. 과시하는 말을 하는 것이 어
느새 습관이 된 아이들이지요.

과시하는 말을 자주 하다 보면 그 말이 100% 진실인 경우도

있지만 거짓을 보태 이야기하는 경우도 생기게 됩니다. 자신도 모르는 사이에 이야기를 과장하고 부풀려 말하게 되지요. 이는 보통 유아기의 아이들에게서 많이 보이는 현상인데 청소년기 아이들 중에서도 은근히 자기 포장용 거짓말을 하는 아이들이 많습니다.

그래서 우리는 아이들이 가질 수 있는 허영심을 경계해야 합니다. 아이들은 잘난 척을 할 때 거짓말을 수단으로 사용하기 때문입니다.

자신이 엄청난 부자인 것처럼 말하기도 하고, 대단한 실력을 소유한 것처럼 자랑하며 부풀려 말할 때 거짓말을 사용합니다. 그런데 순수하지 못한 자랑에 순수한 축하가 가능할까요?

다른 사람에게 잘 보이기 위해 자신을 과하게 포장해서 꾸미는 일은 자신을 속이는 가장 센 거짓말입니다. 그러나 그 어떤 거짓말도 결국은 드러나는 법입니다. 잠시는 통할지 모르겠지만 끝까지 감추는 데 성공할 수 없습니다.

내가 실제로 가지고 있는 행복을 감추려다 자칫 눈앞에 있는 진짜 행복을 놓치지 않도록 지금의 모습을 있는 그대로 말하는 것의 중요성을 알려주는 것이 좋습니다.

우리 아이에게 오늘 해줄 말

"다른 사람에게 잘 보이기 위해

헛된 욕심으로 나를 거짓으로 꾸며 말하는 일은

나에게 다가오는 행복을 밀어내는 일이란다.

절대 나 자신을 속이지 말자."

아이의 훌륭한 말솜씨를
키우는 법

Q 아이가 집에서는 그렇지 않은데, 집 밖에만 나가면 너무 목소리가 작아집니다. 충분히 이야기할 수 있는 내용도 부끄러움 때문인지 잘 이야기하지 못하고 많이 참는 편입니다. 의사소통 능력이 중요하다고 하셨는데 저희 아이는 아직 많이 부족한 것 같아 걱정이 됩니다. 방법이 없을까요?

A 방법이 있습니다. 적당한 연습이 필요합니다. 책을 소리 내어 정확한 발음으로 또박또박 읽는 것을 추천합니다. 장난감 마이크 등을 이용하는 것도 꽤 도움이 됩니다.

우리는 우리를 표현하는 시대에 살고 있습니다. 내 생각과 감정을 잘 다루고 그것을 잘 표현하는 것은 우리 시대 어린이들에게 필수적으로 필요한 요소입니다. 특히 자신이 원하는 바를 적당히 주장할 줄도 알아야 하고, 다른 사람들에게 내 의견을 이야기해주며 설득할 줄도 알아야 합니다. 이 모든 과정에서 우리 아이들에게 반드시 필요한 건 바로 훌륭한 '말솜씨'입니다.

"우리 아이는 너무 쭈뼛거리고 자기주장을 잘하지 못해서 걱정이에요."

이것 역시 학부모 상담을 할 때 자주 듣는 고민 중 하나입니다. 제가 1장에서 의사소통 능력에 대해 언급한 바 있습니다. '몸짓언어'와 '소리언어'를 적당히 사용할 수 있어야 한다고 말씀드렸습니다.

내가 현재 어떠한 문제 상황에 처해 있어서 몹시 불편하고 힘들 때에는 마땅히 누군가에게든 정확하고 확실하게 표현할 줄 알아야 합니다. 배려심이 너무 지나친 나머지 '이 정도는 내가 참아야 하는 거야'라고 생각하며 끙끙 앓는 어린이들을 교실에서 많이 만날 수 있습니다.

짝꿍의 지속적인 장난으로 괴로운 아이가 있습니다. 누군가에게 도움은 정말 청하고 싶고 짝꿍에게도 내 뜻을 분명하게 전달하고 싶습니다. 이 상황에서 자신의 '소리언어'를 제대로 사용하지 못하는 아이들도 있어요. "하지 마. 나 지금 너 때문에 너무 마음이 안 좋아"라고 눈을 부릅뜨며 단호하게 말할 수 있어야 합니다. 그러나 목구멍까지 차오르는 저 멘트가 힘없이 다시 스르르 내려가버리고 맙니다.

소리언어를 제대로 사용하지 못한 대가는 그저 또 참는 것입니다. 결국 아이는 참고 또 참습니다. 그러다 결국 눈물이 그렁그렁 차올라 갑자기 눈물이 펑 터질 때도 있습니다. 짝꿍은 당황하며 말합니다. "이 아이가 이렇게 싫어하는 줄 몰랐어요…"라고요.

소리언어를 잘(혹은 잘못) 사용하는 것도 습관입니다. 반복해서 연습하다 보면 좋은 습관으로 자리잡을 수 있습니다. "너는 왜 싫다고 스스로 말을 못하니!"라고 답답해하며 아이에게 윽박지르는 것은 결코 좋은 방법이 아닙니다.

많이 연습을 해야 합니다. 소리언어는 곧 나의 말솜씨와도 같습니다. 상대방에게 나의 의견과 생각, 느낌, 요구 등을 능수능란하게 전달하는 말솜씨는 충분한 연습으로 길러질 수 있습니다. 어떤 연습이 필요할까요?

일단 바른 발음과 정확한 발성은 훌륭한 말솜씨의 기본입니다. 그래서 소리 내어 책을 읽는 연습을 하루에 5분씩이라도 해보는 것을 적극 추천합니다.

많은 부모님들은 자녀가 소리 내어 글을 읽으면 "우리 아이의 독서 수준은 아직도 어린아이 같다"며 소리 내어 책을 읽는 것을 오히려 막기도 하는데 그럴 필요가 없습니다. 아이가 소리 내어서 무엇을 읽는다는 것은 마음속으로 읽었을 때 잘 이해가 되지 않기 때문입니다. 소리 내어서 읽는 것은 문장을 적극적으로 이해하려고 노력하는 행위입니다.

책을 읽을 때에는 답답하더라도 한 어절씩 또박또박 끊어 읽는 것이 습관이 되도록 도와주고, 너무 빠르게 대충 읽는 것이 아니라 조금 읽더라도 확실하게 읽는 연습을 할 수 있도록 코칭해주면 더욱 도움이 됩니다.

훌륭한 말솜씨를 가지고 싶다면?

소리 내어서 글을 읽는 내 목소리를 귀로 듣는 경험은 발음을 바르고 정확하게 교정하는 데 도움이 됩니다. 내 목소리를 내 귀로 듣는 경험을 많이 해본 아이가 다른 상황에서도 내 목소리를 내는 것에 어색하지 않습니다.

녹음되어 흐르는 내 목소리를 들을 때 어색함을 느껴본 적이 있을 겁니다. 그런데 녹음된 내 목소리를 계속 들으면 어떨까요? 점차 그 어색함이 사라집니다. 나중에는 아무렇지도 않게 되지요. 소리 내어 책을 읽는 연습도 마찬가지입니다. 연습은 분명 습관을 만듭니다.

아이들이 잘못 발음하는 것을 너무 귀엽게만 여겨서도 안 됩니다. 아이의 잘못된 발음을 어른이 따라하지도 않았으면 합니다.

일곱 살 난 제 둘째 딸은 '갑자기'라는 낱말을 '갑자비'라고 잘못 발음하는 습관이 있었습니다. 잘못 발음하는 아이의 모습이 귀여워 그냥 두어보았더니 '갑자기'라는 낱말을 적어보라고 했을 때 아이는 '갑자비'라고 적고 말았습니다. '갑자기'와 '갑자비'의 차이를 귀로 인식하지 못하게 되었습니다. 이를 다시 가르칠 때에는 꽤 많은 시간이 소요되었습니다. 이렇게 아이의 바른 발음에도 신경을 써줄 필요가 있습니다.

아이들이 어디를 보고 이야기하는지도 살펴볼 필요가 있습니다. 누군가와 대화를 나눌 때에는 상대방의 눈을 봐야 합니다. 그것은 내가 현재 열심히 듣고 있다는 뜻이며 동시에 열심히 이야기하고 있다는 뜻입니다. 상대방의 눈을 또렷하게 보고 이야기할 때 나의 생각이 가장 정확하게 전달됩니다. 면대면으로 말하는 것이 서면으로 대화하는 것보다 훨씬 내용 전달이 쉬운 이유입니다. 따라서 아이가 평소에 가정에서 이야기를 나눌 때 엄마, 아빠의 눈을 또렷하게 쳐다보면서 이야기하는 연습도 중요합니다.

아이가 엄마의 눈을 보고 이야기하지 않을 때에는 "엄마 눈 보고 다시 한 번 또렷하게 이야기해주세요"라고 부탁하는 것도 좋습니다. 내가 이야기하는 말의 내용을 상대방이 얼마만큼 이해하고 있는지는 상대방의 눈을 보면 알 수 있지요? 상대방이 이해하지 못할 때 한 번 더 설명할 수 있는 것은 정말 훌륭한 말솜씨랍니다.

　마지막으로 아이들의 경청하는 습관을 준비시켜 주십시오. 상대방의 말을 듣는 태도도 습관이며, 경청하는 습관은 훌륭한 말솜씨의 기본 토대가 되기 때문입니다. 우리 아이가 상대방이 말하는 도중에 다른 행동을 갑자기 하거나, 따분하다는 듯 예의 없는 표정을 짓지는 않나요?

　삐딱한 태도로 일관하거나, 곁눈질하며 기회를 엿보며 경청하지 않는 태도는, 때로는 상대방에게 강한 불쾌감을 가져다줄 수도 있습니다. 이것은 현대인이 갖추어야 할 기본적인 태도이며 배려입니다. 일상생활 속 듣는 태도가 내 첫인상을 결정할 수도 있다는 점을 꼭 기억하세요. 훌륭한 말솜씨의 기본 소양을 쌓을 수 있을 것입니다.

우리 아이에게 오늘 해줄 말

"훌륭한 말솜씨를 가지고 싶으면

눈은 상대방의 눈을,

귀로는 상대방의 목소리에 집중해야 한단다.

경청할 줄 아는 우리 ○○가 되자."

긍정적인 말이
아이 내면에 쌓이도록 하자

🇶 아이와 대화를 많이 나누라고 하는데 어떤 말을 어떻게 나누어야
할지 아직도 잘 모르겠습니다. 좋은 방법이 없을까요?

- -

🇦 아이에게 2개의 통이 있다고 상상해보세요. 아이에게 하는 말이 그
통에 담긴다는 상상으로 말을 해봅니다.

3장을 마무리하며 마지막으로 우리 함께 다소 엉뚱한 생각을
한번 해봅시다. 우리의 입에서 출발한 말은 과연 어디로 갈까요?
엉뚱하지만 말이 다니는 길을 상상해보는 겁니다.

공기 중으로 흩어져버리는 것일까요? 입에서 나오자마자 상
대의 귀에 도착한 뒤 곧장 휘발되어 사라지는 것일까요? '발 없는
말이 천 리 간다'는 속담처럼 날개 달린 말 한마디가 천 리 밖으
로 훨훨 날아가는 걸까요?

이쯤에서 제가 제안 하나 해보겠습니다. 이렇게 생각해보는

겁니다. '우리의 말은 어디 가지 않고 곧장 쌓인다'라고 말입니다. 그중에서도 특별히 우리가 아이에게 하는 말들은 2개의 통에 쌓인다고 생각해봅시다. 하나는 내가 아이에게 전달하는 긍정적인 말이 쌓이는 파란색 통, 다른 하나는 부정적인 말이 쌓이는 빨간색 통이라고 생각해봅시다.

일단 통 안에 담길 말들이 너무 많아 하루에 한 번씩 새로운 통을 준비해야 하는 아이가 있겠네요. 아이는 부모로부터 많은 이야기를 들을 겁니다. 긍정적인 이야기, 부정적인 이야기를 가릴 것 없이 부모에게서 많은 피드백을 듣는 아이는 금방 두 색깔의 통이 차올라 새 통이 필요하겠지요.

그런데 아마 아이뿐만 아니라 부모님도 하루에 한 번씩 새로운 통이 필요할 것 같습니다. 아이도 가만히 듣고만 있지 않을 테니까요. 아이에게는 들을 수 있는 귀도 있지만, 말할 수 있는 입도 있으니까요. 이렇게 대화가 풍성한 집은 모두 매일 새로운 통을 마련해야겠습니다.

반면 좀처럼 쉽게 통이 차지 않는 아이도 있을 수 있겠지요. 아이는 얼른 통을 채우고 새 통으로 바꾸고 싶어도 좀처럼 차오르지 않는 통을 보며 많이 속상할 것 같습니다. 어쩌면 빨간색 통이라도 좋으니 조금이라도 채워지기를 기다리고 있을지도 모르겠습니다. 아이는 어떤 식으로든 부모와의 대화를 갈망하겠지요.

그런데 부모는 아무 말이 없습니다. 아이는 몹시 외롭다고 느끼겠지요.

통 2개를 아예 거꾸로 뒤집어 놓아버린 아이도 있을 수 있습니다. 이 아이는 부모의 한마디 말도 담고 싶어 하지 않습니다. 분명히 통 2개를 모두 엎어놓은 이유가 있을 텐데요. 얽혀 있는 관계 실타래가 꽤 복잡할 수도 있습니다.

부모가 아무리 여러 말을 건네도 잘 담기지가 않으니 부모도 어느 날부터는 말 건네기를 포기하고 그만둡니다. 아무리 담아보려고 해도 튕겨 나올 뿐, 어차피 담기지도 않을 텐데 괜한 에너지를 낭비할 필요가 없다는 생각이 당연히 들 테니까요. 이렇게 서로가 서로의 마음을 닫은 경우가 제일 안타까운 경우입니다.

아이에게 공감과 위로, 칭찬을

이제부터 우리는 파란색 통에 긍정적인 말을 쌓아주려고 노력하기로 합니다. 평가하고 지적하는 말보다는 공감하고 위로하는 말을 가득 채워줍니다. 언젠가 그 말들이 통에 가득 차면 내가 아이에게 해주었던 공감과 위로의 말이 아이의 입에서 그대로 넘쳐흐를 것입니다. 이를 기대하며 응원하고 지지해줍니다.

- 너는 왜 이렇게 불평이 많니?
- 너는 왜 이렇게 짜증을 잘 내니?
- 너는 참 신경질적이야.
- 너는 어쩜 그렇게 이기적으로 행동하니?
- 너는 정말 이해할 수가 없다.

이런 말들은 적어도 우리 아이들에게는 하지 않기로 합니다. 말이 씨가 된다고 하지요. 말에는 대상을 움직이지 않게 확실히 고정시키는 강력한 힘이 있다고 합니다.

'나는 불평이 많은 아이' '나는 짜증이 많은 아이' '나는 신경질적인 아이' '나는 이기적인 아이' '나는 이해받을 수 없는 아이' 등. 이런 말들이 자신에게 꼬리표가 되어 따라 붙고 그것과 동시에 어느 순간 그 말에 나 자신을 가둬버리게 됩니다. 과연 우리는 어떤 말들이 우리 아이를 규정하도록 허락하겠습니까?

한편 긍정적인 말을 할 때 우리의 표정은 어때야 할까요? 상냥한 표정과 반드시 함께여야 합니다. 무표정하게 건네는 긍정적인 말은 속빈 강정입니다. 아이와 대화할 때 우리가 짓는 표정은 상당히 중요합니다. 얼굴 표정은 사람들에게 남다른 의미를 가져다주기 때문입니다. 특히나 잔뜩 찌푸린 어두운 표정은 오해를 낳기 쉽습니다.

그날따라 표정이 유독 좋지 않은 사람에게 "무슨 안 좋은 일 있어요?"라고 물었던 경험이 모두에게 있을 겁니다. 좋지 않은 표정은 사람들로 하여금 온갖 추측을 하게 만들지요. '저 사람에게 무슨 걱정이 생겼나? 누구에게 혼이 난 걸까? 아니면 어디가 아픈 곳이 생겼나? 그게 아니면… 대체 뭘까?' 그러다 보니 가끔 오해도 낳습니다.

요즘 아이들 중에는 외모에 많은 신경을 쓰는 친구들도 있습니다. 그런데 아무리 아름다운 외모의 소유자라고 해도 무표정한 표정과 냉소적인 표정은 아름다운 외모를 묻히게 합니다.

외모보다는 표정이 중요하다는 걸 자주 이야기해주세요. 내가 입을 수 있는 옷 중에서 제일 아름답고 예쁜 옷은 나의 밝은 표정이라는 걸 자주 말해주세요. 그리고 생활 속에서 보이는 아이의 밝고 환한 표정을 사랑하고 칭찬해주세요. 아이를 마주하는 우리의 표정도 어떤지 돌아보면서요.

우리 아이에게 오늘 해줄 말

"○○야, 거울을 볼 때마다 억지로라도 한번 활짝 웃어봐.

웃음이 너에게 복을 가져다줄 거야.

오늘도 활짝! 미소짓는 하루가 되자."

아이와
대화 나누기

엄마(아빠)가 예전에 콩밥을 해먹으려고 강낭콩을 마트에서 산 적이 있었어. 그런데 이 콩을 심어보고 싶은 마음이 들었지. 싹이 잘 트게 하려고 강낭콩 한 개를 이틀 정도 촉촉한 물 위에 두었더니 싹이 나올랑 말랑 하더라고.

그래서 얼른 화분에 강낭콩을 옮겨 심었지. 그리고 매일 물도 주고 햇볕이 잘 드는 곳에 두었어. 그랬더니 어느 날 드디어 줄기가 흙 밖으로 나온 거야! 그때 엄마 기분이 어땠는지 알아? 맞아. 너무 신기하고 너무 뿌듯했어.

더 쑥쑥 자라라고 계속 물도 주고 햇볕도 쐬게 했지. 역시나 쑥쑥 잘 컸지. 너무 뿌듯했어. 그런데 키가 어느 정도 자라고 나니까 더 이상은 강낭콩이 안 자라더라고.

엄마는 더 키가 크길 바랐는데 어느 정도를 넘으니까 그 뒤로는 강낭콩의 키가 커지질 않았어. 그때 엄마 마음이 어땠을까? 맞아. 왠지 서운하기도 하고 답답하기도 하더라. 좀더 키가 크면 좋은데… 아쉽다는 생각도 들었어. 그래도 강낭콩이 죽으면 안 되니까 꾸준히 물도 주고 햇볕도 주었어.

그런데 어느 날, 그 강낭콩에서 하얀 꽃이 여러 송이 피더니 세상에 꼬투리가 막 3~4개씩 열리는 거야! 그러던 어느 날, 드디어 꼬투리를 3개 땄어. 그리고 조심스럽게 꼬투리를 열었지.

꼬투리를 열었더니 그 속에는 엄마가 심었던 강낭콩이랑 똑같이 생긴 강낭콩이 무려 5개씩 들어 있었어. 모두 세어보니 15개였지. 얼마나 신나고 뿌듯하고 기쁘던지!

엄마는 강낭콩 하나를 심고, 그저 물을 주고, 햇볕을 쬐고, 그냥 예뻐해주기만 했는데 강낭콩 한 개가 15개가 되어서 돌아왔어. 중간에 더 이상 키가 안 클 때에는 속상하기도 했는데, 이렇게 엄마한테 큰 기쁨을 가져다준 거야. 겨우 강낭콩 한 알이 말이야.

그런데 있잖아, 엄마(아빠)는 요즘에 우리 딸(아들)을 보면서 똑같은 느낌이 들어. 엄마 뱃속에서 나와 세상에 태어났을 때에는 작고 작았던 아기가 이렇게 엄마를 사랑해주고, 위로해주고, 또 응원해주는 큰 어린이로 자란 게 너무너무 신기하고 기쁘고 뿌듯하고, 무엇보다 고마워.

물론 힘들고 속상한 날들도 있었지만, 우리 딸(아들)과 함께하는 엄마(아빠)의 삶은 정말 행운이고, 행복이야. 우리 딸(아들) 고마워!

상냥한 태도로 바른 말을 하고 거친 말은 삼가며
거짓된 말을 하지 않는 습관도 중요하지만,
가장 중요한 것은
아이가 아이 스스로의 이야기를 할 수 있는 것입니다.

아이는 스스로의 고민과 생각, 계획을
단 한 사람에게라도 토로하듯 이야기할 수 있어야 합니다,
아이의 속 깊은 이야기에 귀기울여야 할 이유가 바로 이것입니다.

아이가 아이 내면의 말을 조리 있게 이야기할 수 있는 것은
누구에게나 부러움을 살 만큼 훌륭한 능력입니다.
그 능력은 이야기를 진중하게 들어준 누군가가 있었기에
가능한 것이라는 것을 잊으면 안 되겠습니다.

4장

탄탄하게 다지는
우리 아이
'공부' 습관

아이의 아침 습관을
만들어라

Q 아침마다 초등학교 4학년 아이와 씨름을 합니다. 아침에 아이와 한 바탕 티격태격하고 난 뒤 출근하면 몸도 마음도 너무도 피폐해집니다. 아마 아이도 그럴 것 같은데, 아침 루틴을 어떻게 다시 잡아야 할지 고민입니다.

A 가볍고 개운한 아침을 365일 중에 며칠을 유지하는가가 공부 습관을 잡는 기초 작업입니다. 정해진 시간에 자고 일어나기만 해도 아침 루틴이 잡힙니다. 앞서 이야기했던 전환기, 즉 터닝 포인트가 되는 시점을 적극 활용하세요.

대화 #1

엄마: ○○야, 빨리 일어나! 학교 안 가?

아들: ······.

엄마: ○○야! 안 일어날 거냐고!

아들: 아, 나 졸려… 좀더 잘 거야….

엄마: (10분 뒤) OO야! 이제는 일어나!

아들: 아! 진짜! 깨우지 좀 말라고!

엄마: 일어나서 학교 가든지 말든지 네 맘대로 해!
이제 안 깨워줄 거니까!

이른 아침, 여러분은 잠에서 깨어나자마자 아이와 어떤 대화를 나누십니까? 어떤 온도로 아이와 아침을 시작하십니까? 위의 대화처럼 티격태격 뾰족한 말들을 주고받으며 아침을 시작하지는 않으신가요? 누군가에 의해 억지로 잠에서 깨어나 겨우 학교에 온 아이는 공부가 머리에 쏙쏙 잘 들어올까요?

그동안 학교에서 만난 학습 의욕과 성취가 뛰어났던 아이들을 살펴보았더니, 그들은 '아침'부터가 남다르다는 걸 알 수 있었습니다. 등교하는 발걸음에 활기가 있고 눈빛에는 총기가 있습니다. 에너지가 느껴집니다. 그런 아이들의 아침은 이렇습니다.

대화 #2

엄마: OO야~ 알람 울렸네. 잘 잤어? 우리 딸 푹 잔 얼굴이네?
일어납시다~! 씻고 학교 갈 준비 시작하자~! 행복한 하루 시작!

자녀: (기지개 한 번 켜고) 네~ 엄마. 이제 씻으러 갈게요.

깊은 수면으로 질 좋은 충전의 시간을 가진 아이는 누가 억지로 깨워서 기상하지 않습니다. 지난밤의 수면으로 완벽하게 피곤을 떨쳐낸 아이는 아침에 가볍게 눈을 뜹니다. 이런 아침을 365일 중에 며칠을 유지하는가가 공부 습관을 잡는 기초 작업입니다.

해결 방법은 간단합니다. 일찍 잠자리에 누워서 일찍 수면에 빠져야 합니다. 적어도 초등학교 1, 2학년은 저녁 9시 취침을 권합니다. 3, 4학년은 적어도 저녁 9시 30분에는 취침해야 합니다. 양적 수면은 질적 수면을 이끕니다. 잠자리에 누울 시간을 정했다면 저녁시간을 어떻게 보내야 하는지를 생각해야 합니다.

저녁 9시에 취침을 계획해놓고는 8시 30분에 저녁을 먹는 일은 곤란하겠지요. 8시 30분부터는 잠자리에 들 준비를 시작해야 합니다. 그래야 9시에 취침을 할 수 있습니다. 아이들은 시계를 자주 보지 않기 때문에 부모님이 8시 30분이라는 현재 시각을 알려주어야 취침 준비를 행동으로 옮길 수 있습니다.

공부 잘하는 아이는 아침부터 다르다

아침에 일어나는 시간에 라디오나 음악을 틀어주는 것도 도움이 됩니다. 기분 좋은 기상을 했다면 '세면과 양치, 잠옷 벗어 정리하기, 새 옷 입고 옷매무새 다듬기'는 아이 스스로 할 수 있도록 자동화된 습관을 아이에게 정착시켜주어야 합니다. 초등학생 아이가 세면과 양치를 하도록 화장실에 부모가 데려가주고, 옆에서 도와주고 지켜보며, 잠옷을 벗겨주고 직접 정리해주고, 새 옷을 준비해주고 옷매무새를 다듬어줄 필요가 없습니다.

위 3가지 일은 아이 스스로 해야 하는 일이고, 평생 해야 하는 일입니다(다음 날 입을 옷을 전날 밤 아이와 부모가 함께 미리 정해놓고 잠들면 훨씬 수월합니다). 초등학교에 다니는 어린이라면 위 3가지 정도의 일은 부모의 개입 없이도 충분히 가능해야 합니다.

아이가 위의 3가지 미션을 하는 동안 부모님은 아침식사를 준비합니다. 3가지 미션을 마친 아이는 식사를 하면서 음악을 들을 수도 있고, 자신의 레벨에 맞는 영어 라디오를 흘려들을 수도 있습니다. 그리고 학교를 가기 위해 집에서 출발하기 전까지 남는 20여 분 동안 간단한 공부(연산 문제집 1쪽 풀기, 온라인 영어도서관에서 영어 그림책 한 권 읽기 등)를 할 수 있습니다. 저희 집 아침 루틴을 공개합니다.

다음의 시간표대로 아침 습관을 굳힐 때 전환기를 이용하면 더욱 효과적입니다. 새 학년이 될 때를 터닝 포인트로 삼아서 아침 시간을 알차게 쓰는 습관을 시작해봅시다.

익숙해지기까지의 과정은 오랜 시간이 필요할 수도 있겠지

아침 시간 활용의 예		
시간	아이가 할 일	부모가 할 일
am 06:50		• 알람소리와 함께 기상
am 07:00	• 알람소리와 함께 기상	• 세면과 양치, 환복 등 출근 준비
am 07:00 ~ 07:25	• 세면과 양치 • 잠옷 벗어 정리하기 • 새 옷 입고 옷매무새 다듬기	• 간단하게 아침식사 준비
am 07:25 ~ 08:15	• 아침식사 • 기탄 문제집 1장 • 온라인영어도서관 그림책 1권	• 아침식사

만, 한번 익숙해진 아침은 부모와 자녀 모두에게 아주 편하고 뿌
듯할 것입니다. 터닝 포인트를 놓치지 말고 반드시 활용하십시오.

또한 규칙적인 생활의 시작을 그리 어렵게만 생각하지 않으
면 좋겠습니다. 그냥 정해진 시간에 잠을 자고, 정해진 시간에 기
상하고, 정해진 시간에 식사를 하는 것만으로도 규칙적으로 살고
있다고 할 수 있기 때문입니다. 밥 먹고, 잠을 자고, 일어나는 것
만 정해진 시간 속에서 패턴화되면 놀랍게도 아이의 감정 변화에
굴곡이 없어집니다.

'우리 아들(딸)이 대체 왜 이렇게 짜증이 나 있을까?'라고 생
각이 들 때가 있나요? 아니면 '기분 좋았었는데 갑자기 왜 저렇
게 예민해져 있어?'라는 생각이 들 때가 있으실 겁니다. 사실 그

런 상황의 이유는 대부분 '배고프고 졸려서'가 답입니다. 누구에게나 감정의 기복은 생기기 마련이지요. 그런데 먹고 자는 시간만 정해져 있어도 그 감정 기복을 예상할 수 있습니다.

우리 아이의 감정 기복이 유난히 심하다면 아이에게 더욱 더 규칙적인 식사와 수면을 확보해주는 것이 급선무입니다. 아침 시간 습관을 자리잡게 하는 일은 처음에는 힘듭니다. 그렇지만 지속적인 노력에 의해 누구나 충분히 적응할 수 있습니다.

우리 아이에게 오늘 해줄 말

"일찍 일어나는 새가 먼저 먹이를 먹는다고 해.

일찍 일어나서 상쾌한 아침을 보낸 우리 아들(딸).

행복한 눈빛으로 즐거운 하루를 보내렴."

TIP
아이와
대화 나누기

세상에 공짜를 싫어하는 사람이 있을까? 돈을 안 냈는데도 무료로 그냥 준다? 얼마나 고마운 일이겠니. 아마 우리 아들(딸) 친구들 중에서도 공짜를 싫어하는 사람은 없을 거야. 특히 돈에 욕심이 많거나 돈 쓰는 것을 좋아하는 사람, 무엇이든 아끼고 절약하는 사람이라면 더욱 더 공짜를 좋아하겠지?

혹시 교문 앞에서 공짜로 물티슈나 연필, 공책을 나눠주고 있는 걸 본 적 있니? 맞아. 대부분 학원을 광고하는 물건들이야. 대부분 "감사합니다" 하면서 공짜로 받지. 어떤 아이들은 친구에게 준다고 하면서 "하나 더 주세요" 하는 애들도 있더라.

그런데 조금 걸어가다 보면 방금 전에 공짜로 받은 공책들이 길바닥에 떨어져 있는 걸 볼 수 있어. 실수로 땅에 떨어뜨렸는데 떨어진 걸 알고도 줍지 않고 그냥 가는 아이들이 있는 거야. 그런데 그걸 주워서 갖는 아이는 하나도 없어. '공짜인데 뭐. 바닥에 떨어진 걸 줍느니 다시 가서 하나 더 받아오면 되지 뭐….' 아마 공짜라서 소중히 여기지 않는가봐.

그러고 보면 사람들은 값이 비싼 것일수록 더 소중하게 여기는 것 같아. 예를 들어서 귀한 보석이나 아주 비싼 자동차, 이런 것들을 험하게 아무렇게나 다루는 사람이 있을까?

아니겠지. 흠집이 날까봐 얼마나 소중하게 여기는지 몰라. 반대로 값이 싼 물건일수록 사람들은 마구 다루고 험하게 다루는 것 같아. 왜냐하면 또 살 수 있으니까.

만약 우리 아들(딸)이 생일 선물로 아주 값비싼 장난감을 받았다면 어떻게 다룰까? 친구들에게 갖고 놀라고 아무에게나 막 빌려줄까? 정리도 안 하고 아무 데나 그냥 둘까? 아니겠지? 아마도 품에 안고 아끼며 소중하게 여길 거야.

값이 싼 것, 공짜인 것들을 사람들은 소중하게 생각하지 않아. 반대로 값이 비싸면 비쌀수록 더 귀하게 여겨. 그렇지 않니?

그런데 말이야, 엄마(아빠)가 수수께끼를 하나 내볼 테니 맞혀봐. 공짜이고 돈 주고 산 것은 아니지만, 돈 주고 살 수 없는 것이 있어. 이건 뭘까? 정답은 바로 '시간'이야.

엄마(아빠)가 주위 사람들을 보면 돈을 아껴 쓰는 사람, 에너지를 절약하는 사람은 많이 봤는데 돈 주고도 살 수 없는 '시간'을 아끼는 사람은 많이 보지 못했어. 시간이라는 게 누구에게나 모든 사람에게 주어지는 공짜라서 사람들이 소중하게 여기지 않는 걸까?

우리 아들(딸)이 학교를 마치고 집에 왔는데 학원에 갈 때까지 시간이 좀 남았을 때, 아니면 밖에서 친구들이랑 놀고 왔는데 밥 먹을 때까지 시간이 남을 때, 일요일 오후에 할 일이 없어서 심심할 때, 시간을 어떻게 쓰는 게 좋을까? 시간을 아끼지 않고 컴퓨터나 스마트폰으로 게임을 할까?

그렇게 조금씩 남는 시간을 '자투리 시간'이라고 부르는데, 그런 시간들을 모아보면 꽤 긴 시간이 된단다. 10분 정도의 시간이라 어떤 일 하나를 완성하기에는 부족할 수 있겠지만 이런 시간을 아껴서 우리 아들(딸)이 좋아하는 소중한 일에 쓰는 건 어떨까? 엄마(아빠)는 우리 아들(딸)이 튼튼하고 건강하게 하는 운동을 한다거나 엄마를 도와 집안일을 한다거나, 의미 있는 일에 너의 소중한 시간을 쓰면 좋겠어.

시간이 공짜라고 해서 일기도 느릿느릿 쓰고, 숙제도 느릿느릿하고, 공부도 어슬렁어슬렁하면서 시간을 낭비하지 말고, 남아 있는 시간을 소중한 일에, 의미 있는 일에 쓰길 바라. 1분, 1초, 1시간, 하루, 일주일, 한 달, 1년, 인생의 모든 시간을 아껴서 잘 쓰길 바란다.

시간을 관리하는
습관 기르기

Q 초등학교 5학년인 아이의 친구가 하루에 공부하는 양을 듣고 놀랐습니다. 생각보다 많은 과제를 촘촘히 잘해내더라고요. 저희 아이는 훨씬 적은 양의 과제도 늘 시간이 부족하다며 힘겨워합니다. 어떻게 도와주면 될까요?

A 다이어리를 적극 활용하세요. 초등학교 저학년 이하의 어린이라면 달력 만들기 활동을 추천합니다.

시간 관리는 좋은 공부 습관을 갖기 위한 필수 요소입니다. 시간이 많이 확보된 아이들은 자신이 공부하고 싶은 분야를 더 깊게 파고들며 탐구할 수 있습니다. 또한 다음 공부를 위해 휴식할 수 있는 여유도 있습니다. 그러니 시간 확보가 결국 공부 습관과도 직결되는 것이지요.

부모님들은 인생 경험이 있으니 시간이 얼마나 소중한지 익히 알고 있습니다. 그렇지만 아이들은 시간이 소중하다고 귀로 들어본 적은 있지만 관련 경험이 없기에 잘 체감하지 못하고, 당연히 시간의 소중함을 잘 모를 수밖에 없습니다. 1분 1초가 소중한 부모님은 "빨리 해"라고 독촉하는데 정작 아이는 "빨리 해서 뭐해? 천천히 해도 괜찮아"라고 말하는 경우를 우리는 많이 목격합니다.

이 책을 읽는 분들 중에는 다이어리를 사용하는 분들이 많이 계실 것 같습니다. 요즈음에는 스마트폰에 캘린더 앱이 기본으로 깔려 있기도 하고, 유용한 메모 앱도 정말 많습니다. 손 글씨로 채우는 다이어리 노트는 제일 클래식한 방법입니다. 매년 말, 새해 다이어리를 준비하는 모습에서 설렘이 느껴지지요.

한편 자녀에게 다이어리를 사주신 적이 있는 분도 계실 겁니다. 초등학교 고학년 어린이들 중에는 일명 '다꾸'를 취미로 즐기는 아이들이 꽤 많이 있는데, 각종 스티커와 알록달록 예쁜 색깔 볼펜으로 다이어리를 꾸미는 것입니다.

이처럼 다이어리는 어른의 전유물이 아닙니다. 초등학생은 물론 더 어린아이들도 충분히 가능합니다. 바로 아이들과 함께 달력을 만들어보는 것입니다. 시중에서 판매하는 달력을 구입하는 것도 좋지만 아이와 함께 직접 달력을 만들어보는 것을 추천합니다. 그 이유는 아이들은 자신이 직접 만든 것에 더 큰 의미를 부여하며 아낄 수 있기 때문입니다.

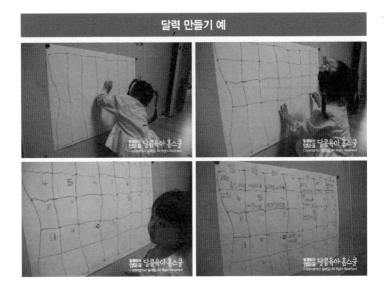

위의 사진으로 소개된 달력 만들기는 5~7세의 아이들과도 충분히 가능한 작업입니다. 이것은 2절지 도화지에 가로 세로 선을 그어 큰 표를 만들고 그 안에 숫자를 써보는 공부도 겸할 수 있습니다.

시간 관리는 달력 만들기로

달력 만들기는 아이들에게도, 또 어른들에게도 누구나 동등하게 시간이라는 것이 주어져 있다는 것을 인식하게 합니다. 부모들의 스케줄을 누가 대신 관리해주는 것이 아닌 것처럼, 우리 아이에게도 스케줄이 있으며 그것은 누가 대신 관리해주는 것이 아닌 본인 스스로가 관리해야 한다는 것을 알려주지요.

가족의 생일과 예정되어 있는 나들이 날짜 등은 기본으로 적습니다. 여기에 덧붙여 15일까지 해야 하는 숙제, 20일까지 준비해야 하는 시험, 30일에 신청해야 하는 강의 등을 기입합니다. 달력에 표시함으로써 해야 하는 일들을 미루지 말고 스스로 챙기는 습관을 만들어줍시다.

그저께 / 어제 / 오늘 / 내일 / 모레 / 이번 주 / 다음 주 / 저번 주 / 이번 달 / 다음 달 / 올해 / 작년 / 내년 / 주말 / 주중 / 하루 / 이틀 / 사흘 / 나흘 / 열흘 / 보름

위 낱말들이 가지는 공통점은 무엇일까요? 맞습니다. 바로 시간을 나타내는 말들입니다. 우리 아이들은 평소에 시간을 나타내는 말을 얼마나 다양하게 사용하고 있을까요? 달력 만들기를 하면 시간에 관련된 어휘를 많이 사용할 수 있습니다. 시간에 관련된 어휘를 많이 사용할수록 시간 감각이 자랍니다.

놀랍게도 초등학생 중에는 위의 낱말이 얼마만큼의 시간을 의미하는지 잘 모르는 아이들이 있습니다. 하루는 얼마나 빨리

지나가고, 하루가 얼마나 모여야 일주일이 되며, 또 얼마가 모여야 한 달을 이루는지 관련 개념을 세우지 못한 아이들이 있습니다. 달력을 만들면 자연스럽게 시간과 관련된 말들을 많이 쓰게 됩니다. 시간의 양적 감각을 키울 수 있습니다.

동시에 시간의 소중함도 느껴봅니다. 시간은 한 번 지나가면 다시 돌아오지 않는다는 것을 알려주기 위해, 저는 이 달력을 머리맡에 붙여두고 아이들이 잠자리에 들 때마다 확인할 수 있게 합니다. 그리고 아이들이 잠자리에 들기 직전에 오늘 날짜에 색연필로 엑스 표시를 하게 합니다. 그리고 아이에게 물어봅니다. 오늘 하루는 어땠는지, 기분 좋은 일은 무엇이었고, 속상하거나 당황했던 일은 없었는지, 누군가에게 고마웠거나 미안했던 일이 있었는지도 대화합니다.

물론 아이의 말만 들어서는 안 됩니다. 엄마 또한 오늘 하루 중 기분 좋았던 일, 속상했던 일, 고마웠던 일을 말해줘야 합니다. 엄마가 솔직한 이야기를 들려줄 때, 아이들도 솔직하게 이야기할 수 있습니다. 오늘 날짜에 색연필로 엑스 표시를 하면서 일곱 살 둘째아이하고는 "3월 11일 안녕"이라고 인사도 해줍니다. 아이는 누가 알려주지 않아도 자신이 깊은 잠에 든 사이에 3월 11일은 지나고, 3월 12일이 온다는 것도 알게 됩니다.

- 바빠서 못했어요.

- 할 시간이 없었어요.

숙제를 하지 못한 아이들이 자주 대는 핑계입니다. 정말 아이들은 바쁠까요? 숙제를 하지 못할 만큼 바쁜 아이들은 거의 없습니다. 물론 집안에 행사가 있었거나, 급작스러운 사건이 생긴 경우를 제외하고는 말이지요. 아이들은 사실 시간이 많이 남습니다. 이 시간을 관리해야 합니다.

숙제를 해야 한다는 것을 인지하는 것이 첫 번째이고, 숙제를 언제 할 것인지를 계획하는 것이 두 번째입니다. 계획한 시간에 숙제를 실천하는 것이 세 번째입니다.

결국 나의 게으름을 어떻게 관리하느냐가 내 시간을 관리할 수 있게 합니다. 여름방학, 겨울방학을 앞두었을 때 아이에게 다음의 이야기를 들려주세요. 시간이 없어서 빠트리는 일이 없도록 아이에게 이 이야기를 엄마, 아빠의 목소리로 들려주세요.

TIP

아이와
대화 나누기

on
off

아주 무더웠던 여름날, 길을 걸어가던 아이가 있었어. 햇살은 쨍쨍 아이의 머리를 내리쬐고, 바람도 한 점 불어오지 않는 정말 더운 날이었어. 땀은 송골송골 솟아 이마를 타고, 등을 타고 흘러내렸겠지. 그 날은 정말 옷이 젖을 정도로 땀이 나는 날씨였어. 아이는 길을 걸어가고 또 걸어가는데, 가야 할 길이 아직 많이 남아 있어서 너무 힘들었어.

다행히 아이에게는 호주머니에 1천 원짜리 한 장이 있었어. 걷다가 보이는 가게에 들어가서 아이스크림 바를 하나 샀어. 연둣빛 비닐 포장지를 조심스레 뜯어 아이스크림을 한 입 깨물었어.

"아~ 시원해." 입 안 가득 퍼지는 시원함과 과일 향기가 혀를 타고 목구멍까지 넘어왔어. 한 입, 두 입, 깨물어 먹을수록 더위가 조금씩 가시고 몸에 힘이 나기 시작했어.

그렇게 맛있게 한 입, 두 입 먹다 보니 어느새 절반 정도를 먹었어. 이제 더위도 좀 가셨고, 얼마 남지 않아서 아껴 먹어야겠다는 생각이 들었어. 그래서 깨물어 먹지 않고 조금씩 핥아먹었어.

그런데 아까는 단단하던 아이스크림이 녹아서 흘러내리는 거야. 아이스크림이 막대를 타고 녹아내리고, 손에도 한 방울 흘러내렸어. 어쩔 수 없이 아이스크림의 이쪽저쪽을 빠르게 핥았어. 그랬더니 아껴 먹고 싶던 아이스크림이 금방 조그마해졌어. 아껴 먹으려 했지만 아껴 먹을 수가 없었어. 나의 마음과는 다르게 아이스크림이 자꾸 자꾸 녹아내리고 마니까.

아이스크림을 하나 더 사먹으면 된다고? 하지만 더 이상 돈이 없어. 아직 가야 할 길은 멀고….

여름방학이 왔네. 어느새 1학기가 다 지나고 여름방학이 왔어. 우리의 여름방학은 아마 무더운 여름날의 아이스크림처럼 시원하고 달콤할 거야. 걸어가는 길이 덥고 힘들수록 더욱 시원하고 달콤하게 느껴지는 아이스크림처럼. 우리가 지낸 1학기를 열심히 배우고 알차게 지낸 만큼 이번 방학도 더욱 기다려질 거야.

이번 여름방학은 거의 40일이나 되는구나. 여름방학이 되면 하고 싶었던 것들이 있니? 여름방학이 시작되면 그동안 학교에 다니느라 못했던 것들을 할 수 있겠지. 아침에 조금 더 늦잠을 잘 수도 있고, 가족들이나 친구들과 학기 중에는 가고 싶지만 가기 어려웠던 곳을 다녀올 수도 있어. 학기 중에는 시간이 부족해서 배울 수 없던 것들도 배울 수 있어.

이렇게 반가운 여름방학은 마치 더운 여름날의 아이스크림 같아서 처음에는 마냥 달콤하고 시원하게 느껴지겠지만 하루이틀이 지나고 1주일, 2주일을 지내며 여유를 부리다 보면, 어느새 시간이 훌쩍 지나버릴 거야. 그리고 방학 중간쯤 지나고 나면 시간을 아끼고 싶어도, 달력의 날짜를 붙잡고 싶어도, 나의 마음과는 다르게 하루하루 조급하게 지나갈걸?

그러니까 미리미리 여름방학의 하루를 소중하게 아껴 쓰도록 하자. 미리미리 계획을 세워서 알차게, 그리고 건강하게 여름방학을 온전하게 누려보자. 우리의 이번 여름방학은 다시 돌아오지 않으니까.

엄마표 공부의
기본 습관

Q 사교육은 최대한 늦게 시키고 싶은 마음에 초등학교 4학년인 아이를 집에서 제가 수학을 가르치고 있습니다. 그런데 요즘 들어 점점 공부를 할 때 아이와의 트러블이 자주 생겨서 속상합니다. 학원을 보내야 하는 것인지 중심이 바로서질 않는데 어떤 좋은 팁이 있을까요?

- -

A 함께 공부를 할 때에는 서로가 서로에게 지켜야 하는 몇 가지 규칙을 확실하게 만들어서 그 시간만큼은 반드시 지켜주어야 합니다.

우리나라 초등학생이 2019년에 쓴 사교육비가 총 9조 6천억 원이라고 합니다. 학생 1인당으로 치면 월평균 32만 1천 원이라고 하니 정말 어마어마한 액수입니다. 저학년 아이들의 사교육은 예체능이나 취미 관련 학원이 많기는 하지만, 고학년 중에는 주요 과목과 관련된 학원에 다니지 않는 아이를 찾기가 힘들 정도입니다. 저학년 아이들 중에서도 주요 과목 관련 사교육을 받는 아이들이 꽤 많고요.

그러다 보니 학원에 다니지 않고도 꾸준한 공부 습관을 유지하는 아이는 모두에게 부러움을 살 수밖에 없습니다. 경제적으로 절약되는 것은 물론이고, 시간적으로도 큰 절약인 셈이니까요. 또한 아이들 사이에서는 '학원에 다니지 않아도 공부를 잘 하는 아이'로 인정받게 됩니다.

학원에 다니지 않고 집에서 엄마와 함께 플랜을 짜서 학습하는 것을 흔히 '엄마표 공부'라고 하지요. 엄마표 영어, 엄마표 수학, 엄마표 논술, 엄마표 놀이까지 엄마와 함께 가정에서 할 수 있는 것들이 정말 많습니다. 또 저는 이런 엄마표 공부를 적극 응원합니다. 학원에 맡기지 않고 엄마와 함께할 때의 이점을 누구보다 잘 알고 있기 때문입니다.

일단 부모가 아이의 상황을 파악할 수 있습니다. 학원에 모든 것을 맡기고 이따금씩 이루어지는 테스트 결과지만 보는 것과는 판이하게 다릅니다. 우리 아이의 현재 레벨은 어느 정도이며, 어느 과목의 어떤 부분을 어려워하고 쉽게 느끼는지도 알 수 있지요.

다시 말해, 아이의 강점과 약점을 파악할 수 있으니 약점에 대한 보완이 그 즉시 가능하고 동시에 강점에 대한 자신감을 북 돌아줄 수 있습니다. 아이를 위한 피드백이 그때그때 이루어질 수 있어서 여러모로 효율적입니다.

그렇지만 엄마표 공부가 결코 쉬운 것이 아닙니다. 공자도 자기 자식 공부는 남에게 부탁했다고 하지요. 공자가 지식이 부족하고 지혜롭지 않아서 그리한 것은 아닐 것입니다. 그만큼 자기 자식을 가르치는 것은 쉽지가 않은 일이라는 것이지요. 자녀와 부모가 주고받는 피드백과 관련해서 많은 부모님들이 토로하는 고민이 여기 있습니다.

- 선생님, 저는 절대 저희 아이 못 가르치겠어요.
- 집에서 수학 문제 좀 같이 풀어보려고 하면 화부터 나요.
- 같이 공부를 하려고 하면 아이의 삐딱한 태도부터 눈에 들어와요.
- 아이 말이 곱지 않으니, 저도 말이 곱게 나오질 않아요.

이것은 엄마만의 고민은 아닌 것 같습니다. 아이들은 아이들 나름대로 엄마표 공부에 대한 불만을 내비치기도 합니다.

- 저희 엄마는요, 수학 가르쳐줄 때 완전 무서워요.
- 우리 엄마는요, 막 엄청 혼내고 화내요.
- 엄마가 다짜고짜 화를 내니까 엄마랑은 공부 안 하고 싶어요.

엄마표 공부에 가장 기본이 되면서도 동시에 가장 필요한 것은 서로에 대한 존중입니다. 아이는 자신의 공부를 도와주는 엄마에 대한 존중, 엄마는 아이에 대한 존중이 필요합니다. 배움이 이루어지는 학교나 학원에서도 교사에 대한 학생의 존중, 학생에 대한 교사의 존중은 기본이지요. 가정에서의 학습도 마찬가지입니다. 아이도, 엄마도 서로에 대한 예의를 지켜야 엄마표 공부가 문제없이 이루어질 수 있습니다.

특히 위의 고민들에서 알 수 있는 것처럼 엄마표 공부에서 가장 트러블을 일으키는 원인은 서로가 주고받은 '말'입니다. 엄마표 공부를 할 때에는 서로가 서로에게 높임말 사용을 추천합니다. 평소에는 존대하지 않았던 엄마와 자녀라도 공부에 임할 때에는 서로에 대한 존중의 의미로 높임말을 사용하는 것입니다. 서로가 서로에게 함부로 말하지 않아야 합니다. 남남이 만난 것처럼 어색하게 서로 존중하며 공부하는 것이 차라리 낫습니다.

아이를 무시하는 태도는 가장 위험

엄마표 공부를 할 때에 흔히 저지르는 실수는 아이를 무시하는 태도입니다. 그런데 배움에는 일방적인 것이 없지요. 서로가 배우는 것입니다.

중요한 원칙은 서로가 잘 모르는 것을 함께 찾아본다고 생각하는 것입니다. 자녀는 무지하기 때문에 내가 지식을 전달해주어야 한다는 생각을 거둬야 합니다. 모르는 게 당연하다는 생각이 필요합니다. 하나를 가르치면 열을 깨우치기를 바라는 마음을 버려야 합니다. 반대로 열을 가르쳐서 하나를 깨우치기를 기대해주세요.

대화 #1

엄마: "왜 이것도 모르니?"

자녀: 아, 모를 수도 있지 뭐.

엄마: 아무리 그래도 그렇지 아까 가르쳐주었는데 이걸 또 잊어?

자녀: 왜 자꾸 잔소리해!

엄마: 너는 정말 수학은 아닌가보다.

자녀: 아 정말! 나 안 해!

아이를 은근히 무시하는 엄마의 태도는 아이를 주눅 들게 하고 곧 아이의 반항으로 이어질 것입니다. 자기를 무시하는 사람에게는 배움의 욕구가 전혀 들지 않겠지요. 그러니 공부할 시간만 되면 온몸으로 짜증을 표현하는 것이지요. 서로 높임말을 사

용해보십시오. 그리고 이것을 제1의 규칙으로 세우십시오. 엄마표 공부의 고충 80%는 이것으로 해결됩니다.

비슷한 방법으로 엄마(가르치는 사람)가 '잘 모르는 척 연기'를 해보는 방법도 있습니다. 가르치는 사람이 항상 우위를 점해야 한다는 고정관념을 내려놓고, 가끔은 자녀를 높은 우위에 있도록 세워주는 것이지요. 아래 대화를 읽어봅시다.

대화 #2

엄마: 민수야. 엄마가 질문 하나 해도 돼요?

자녀: 네. 뭔데요?

엄마: 이 문제는 왜 답이 3인지 모르겠어요. 엄마는 답지를 봐도 대체
      무슨 말인지 잘 이해가 안 가요. 민수는 어떻게 풀었는지 궁금한
      데 알려줄 수 있어요?

자녀: 앗, 엄마. 이 문제는 굉장히 쉬운 건데요?

엄마: 그래요? 엄마는 왜 대체 이해가 안 될까요?

자녀: 엄마. 내가 설명해줄게요. 여기를 보세요.

엄마에게는 쉬운 내용이겠지만 모르는 척 연기를 하고 아이에게 도움을 청해봅니다. 아이는 '엄마가 풀지 못한 문제를 자신은 풀었다'는 기분 좋은 경험을 하면서 공부에 대한 흥미를 순간

적으로 확 끌어올릴 수 있습니다. 자기 효능감(자신의 능력에 대한 믿음, self-efficacy)이 생기는 것입니다.

또한 누군가에게 설명을 해주는 행위는 자기 자신에게도 굉장히 도움이 되는 일입니다. 말로 설명을 함으로써 정리가 가능해지며 상대방이 이해하기 쉬운 방법을 생각해내는 수고를 저절로 하게 되기 때문입니다.

아이의 학습 효과를 최대치로 올리는 방법도 있습니다. 바로 적절한 질문을 던지는 것입니다.

모든 사교육이 잘못됐다는 것이 아닙니다. 필요하면 당연히 사교육의 도움도 받아야 하지요. 또 언제까지나 사교육을 피할 수 있는 것도 아닙니다.

그런데 모두가 알다시피 공부는 장기전입니다. 벼락치기로 하루이틀 공부해서 끝나는 것이 아니지요. 엄마표 공부도 몇 번 하고 그만둘 것이 아닙니다. 그 시간만큼은 서로에 대한 신뢰와 존중을 바탕으로 꾸리십시오. 이것이 습관이 될 때 아이는 공부에 대한 긍정적인 인식을 바로 세울 수 있습니다.

우리 아이에게 오늘 해줄 말

"오늘 엄마랑 함께 공부할 때

엄마가 모르는 것을 이해하기 쉽게 설명해주어서 정말 고마워.

엄마(아빠)도 우리 아들(딸)에게

친절히 가르쳐주는 엄마(아빠)가 될게."

주간학습계획표를
활용하는 습관

Q 초등학교 3학년인 아이는 영어학원을 다니고 있습니다. 영어학원에서 숙제를 내주는데, 제가 챙겨주지 않으면 스스로 할 생각을 하지 않는 편입니다. 아이에게 스스로 숙제 하는 습관을 길러주고 싶은데 어떻게 해야 할까요?

A 주간학습계획표를 만들어서 활용하세요. 특히 학원 숙제는 되도록 빨리 할 수 있도록 계획을 짜야 합니다. 영어학원을 월요일과 금요일에 간다면, 가급적 숙제도 월요일과 금요일에 할 수 있도록 적당히 학습량을 분배해보세요.

"승리하는 군대는 먼저 승리할 기반을 갖춰놓은 뒤 전쟁을 벌이지만 패배하는 군대는 일단 전쟁을 일으키고 이길 방도를 찾는다"라는 말이 있습니다. 비단 군대에 해당하는 이야기는 아니라고 생각합니다.

계획해서 준비를 한 사람과 계획 없이 무작정 들이대어 부딪히는 사람은 그 결과에 극명한 차이가 있습니다. 특히 공부는 계획과 준비가 필수입니다. 무엇을 공부해야 할지 모르고, 내게 가장 필요한 공부가 무엇인지를 모르는 아이는 그것을 아는 아이보다 결코 효율적으로 공부할 수가 없지요.

우리는 부모로서 아이들이 어떻게 계획하고, 어떻게 준비해야 하는지 그 방법을 안내해주어야 합니다. 고학년 아이들을 포함해서 스스로 자신의 공부 계획을 세우고 실천하는 습관을 가진 아이들은 소수입니다. 결국 계획하고 준비하는 습관을 가진 이 소수의 아이는 다른 아이들보다 탁월한 위치에 오를 수 있습니다.

달력을 만들어서 한 달의 흐름을 세운다면, 주간학습계획표는 자기 주도 학습의 기본 뼈대가 됩니다. 아이들 중에는 내가 지금 해야 할 일이 무엇인지, 그 자체를 모르는 아이들도 많지요. 해야 할 일이 무엇인지는 알면서도 무엇을 먼저 해야 하는지를 제대로 판별하는 아이는 생각보다 많지 않습니다.

주간학습계획표를 짜서 일주일을 관리하는 습관은 내가 해야 할 일을 수시로 상기시켜 주는 좋은 습관입니다. 학습량에 따라 다르겠지만 주간학습계획표를 다음과 같이 만들어볼 수 있습니다.

	월	화	수	목	금	토	일
초등학교 4학년 어린이의 주간학습관리표의 예							
아침	연산 문제집 1쪽						
	영어 그림책 1권						
방과후	EBS 만점왕 2쪽 / ●		●		●		
	최상위수학 S 2쪽	●		●			
	영어단어 5개 / ●	●	●		●	●	●
	일기쓰기					●	
	학교 한자쓰기숙제 / ●	●	●	●	●		●
	영어학원 숙제	●				●	
	틈나는 대로 책 읽기						

달성 가능한 목표가 중요

한 달 단위가 아닌, 일주일 단위로 계획표를 만드는 것이 훨씬 좋습니다. 공부 계획은 절대로 거창해서는 안 됩니다. 또한 너무 많아서도 안 됩니다.

예를 들어 위의 주간학습계획표에서 월요일의 방과후 학습 계획을 봅시다. '만점왕 2쪽, 영어단어 5개, 한자쓰기'면 할당된 공부를 마친 것입니다. 집중해서 하면 30분 정도 걸리는 학습량입니다.

처음부터 절대 원대한 포부를 가질 필요가 없습니다. 대신 계획의 95%가 아닌, 100% 실행을 목표로 합니다. 그리고 일주일마다 자신을 돌아보고 스스로 칭찬하며 반성합니다. 아이들에게 한 달 간격은 큰 인내를 필요로 하므로 일주일마다 새로운 마음으로 시작할 수 있도록 도와주세요.

아마 이 계획표를 만들 때 어떤 아이는 의욕이 넘쳐서 이것저것 많은 계획을 추가하려고 할 것입니다. 그런데 사람은 날마다 의지력이 다르고 에너지도 다릅니다. 의욕과 에너지가 많지 않은 날이 있다는 것을 감안해서 적당량을 계획해야 합니다.

이렇게 주간학습계획표를 만들면 이제 아이의 책상 위나 잘 보이는 곳에 놓아줍니다. 그리고 아이 스스로 체크해가며 자신의 하루 공부를 실천해갈 수 있도록 해줍니다. 주간학습계획표로 공부의 종류와 양이 정해졌다면 다음은 어떤 것을 먼저 할 것인지를 판단하는 능력을 키울 때입니다.

인생은 선택의 연속입니다. 선택은 늘 어렵습니다. 아이들도 자랄수록 스스로 선택해야 할 것이 점점 더 많아지겠지요. 그 속에서 우리 아이들이 멈춰야 할까 계속 가야 할까, 살까 말까, 먹을까 말까 등 몇 번씩 선택의 기로에 고민할 것입니다. 현명한 선택을 할 수 있도록 좋은 습관을 길러주어야 합니다.

현명한 선택의 비결은 우선순위입니다. 학교에서도 아이들을 살펴보면 자신의 일을 먼저 해놓고 놀려는 아이가 있는 반면,

먼저 놀고 나중에 자신의 일을 하려는 아이, 이렇게 크게 두 부류의 아이들이 있습니다. 순서야 어떻든 놀기도 잘하고 자신의 일도 잘하면 바랄 나위 없이 좋겠지만, 안타깝게도 먼저 놀고 나중에 자신의 일을 하려는 아이는 늘 시간에 쫓겨 일의 끝맺음을 잘 못하거나 내일로 미뤄 끝내 해내지 못합니다.

부모님이나 선생님이 옆에서 잔소리를 하지 않아도 스스로 우선순위를 정해서 중요한 일을 먼저 책임감 있게 해낼 수 있도록 행동하는 습관을 길러주어야 합니다.

우선순위를 잘 정하는 아이들은 시간을 활용할 줄 아는 아이들입니다. 아이들이 시간을 잘 활용하는 습관을 갖기 위해서는 먼저 시간의 흐름을 느끼도록 해야 합니다. 행동을 시작할 때의 시각과 행동을 끝냈을 때의 시각을 체크하게 합니다. 그 행동이 몇 분, 몇 시간이 걸렸는지 스스로 알게 하는 것입니다.

이런 연습은 어떤 행동을 하는 데 시간이 얼마나 걸리는지 스스로 계산할 수 있게 해줍니다. 한자를 쓰는 데 얼마만큼의 시간이 걸리는지, 수학 문제집을 푸는 데 얼마만큼의 시간과 노력이 필요한지 아이도 나름의 데이터가 축적되어야 합니다.

이것이 수월하게 정착된 아이들은 대략적인 시간계획을 세우는 습관도 금방 만들 수 있습니다. 이것은 우선순위를 결정하는 데 큰 도움을 줍니다. 어떤 일을 하기에 앞서 시간계획을 세우고

임하는 것과, 시간계획 없이 무작정 시작하는 것은 결과에 큰 차이를 만들어냅니다. 시간을 활용하는 습관이 정착될 때까지 부모님의 도움이 필요합니다.

아이와
대화 나누기

아들(딸)아, 엄마(아빠)가 질문 하나를 할게. 만약에 말이야, 일도 해야 하고 놀기도 해야 한다면 너는 어느 것부터 하고 싶어?

아들(딸)이 너무나 잘 알고 있는 이야기 '개미와 베짱이'를 생각해보자. 개미와 베짱이 모두 한 계절 놀고, 한 계절 일을 했어. 그런데 그 순서는 달랐지. 개미는 여름에 일하고 겨울에 놀았어. 베짱이는 여름에 놀고 겨울에 일했고…. 일한 순서만 다를 뿐인데, 결과는 하늘과 땅 차이야.

우리는 살면서 이처럼 어떤 일부터 해야 하나 선택해야 하는 경우를 자주 만나게 될 거야. 내가 좋아하는 영어와 좋아하지 않는 사회, 무엇부터 공부해야 할까? 숙제와 텔레비전 보기, 무엇부터 해야 할까? 선택해야 해.

앞으로도 여러 가지 해야 할 일은 쌓여 있을 테고, 무슨 일을 먼저 해야 할지 고민할 때가 있을 거야. 그럴 때면 지혜롭게 잘 생각해서 순서를 정해보렴.

복습하고 질문하는
습관 기르기

Q 다른 또래 친구들은 선행 학습을 일찌감치 시작해서 이제는 진도의 격차가 너무 벌어져버렸습니다. 다른 아이들은 금방 푸는 문제를 저희 아이는 끙끙대며 푸는 모습을 보니 선행을 안 시킨 것이 후회스럽습니다. 어떻게 해야 할까요?

- -

A 선행을 하려면 복습이 무조건 뒷받침되어야 합니다. 선행보다는 예습 정도에 집중해보세요.

"선생님, 선행을 해야 하나요?"

부모 교육 강의에 가서도 항상 빠지지 않는 질문이 바로 이것입니다. 특히 수학에 관한 선행을 하지 않으면 내심 불안한 마음이 들기까지 한다는 학부모들의 고백을 많이 접하게 됩니다. 그러면 저는 그때마다 끊임없이 대답합니다.

"선행하지 마세요. 그런데 예습은 하세요."

초등학교 수학은 한 학기 예습이면 충분합니다. 대충 겉핥기 처럼 한번 맛만 보는 식의 선행은 안타깝게도 큰 도움이 되지 않습니다. 상위 개념에 해당하는 수학용어를 이야기하는 옆집 아이를 보면 대단한 수학 실력을 가지고 있는 것 같지만 사실은 빛 좋은 개살구인 경우도 많습니다.

옆집 아이가 알고 있는 그 수학 상위 개념이 뭔가 엄청난 실력 같지만 시간이 지나면 누구나 배울 수 있는 것입니다. 이것은 마치 피아노를 배우는 것과 비슷합니다. 5세 아이에게 피아노를 가르칠 수 있습니다. 9세 아이에게도 피아노를 가르칠 수 있습니다. 5세 어린이는 바이엘을 마치는 데 1년이 걸린다면 9세 어린이는 3개월이 걸립니다. 5세도, 9세도 배울 수 있지만 9세에 배우면 훨씬 효율적으로 배울 수 있습니다.

이렇게 말할 수도 있습니다. "선행을 해서 상위 개념을 알고 나면, 현재 학년의 수학 문제를 너무나 쉽게 풀 수 있습니다." 맞는 말입니다. 중학교 1학년 수학 '집합' 단원에서 벤다이어그램으로 교집합, 차집합, 여집합 등의 개념을 배운 아이들은 다음의 문제를 식은 죽 먹기로 풀 수 있을 테니까요.

- 지윤이네 반 친구들 중에서 축구를 좋아하는 아이는 13명이다.
- 농구를 좋아하는 아이는 10명이다.
- 축구와 농구를 모두 좋아하는 아이는 5명이다.
- 지윤이네 반 친구들은 모두 몇 명일까?
- 단 지윤이네 아이들 중 축구도, 농구도 좋아하지 않는 아이는 없다.

벤다이어그램을 그려서 풀면 1분도 안 걸리는 쉬운 문제이지요. 상위 수학개념은 현재 학년의 수학문제를 아무것도 아닌 것으로 만듭니다. 그런데 상위 개념을 탑재하지 않고 있는 상태에서 현재 학년의 수학문제를 풀어보고자 이리저리 생각해보는 것이 아무런 의미가 없는 것일까요? 벤다이어그램이 무엇인지도 모르고 어떻게 그려야 할지도 모르는 상태에 있는 아이는 위 문제를 어떻게 풀까요?

아마 끝없는 생각을 해야 할 것입니다. 축구를 좋아하는 아이는 13명이고 농구를 좋아하는 아이는 10명인데, 이 둘을 모두 좋아하는 아이도 있다니? 머릿속에서 아주 많은 생각을 하게 될 것입니다. 결국엔 축구만 좋아하는 친구들이 있을 수 있고, 농구만 좋아하는 친구들이 있을 수 있겠다는 생각에 이를 때 이 문제의 답을 구할 수 있는 것이지요. 이렇게 생각하는 연습을 하는 것은 아이의 수학적 사고력 향상에 큰 도움을 줍니다. 무조건 상위 개념을 배워서 풀어야 하는 것은 아니지요.

한 학기 정도의 예습은 필요합니다. 왜냐하면 수학은 한 번의 확실한 이해로 해결되는 과목이 아니기 때문입니다. 한 번의 확실한 이해와 더불어 여러 번의 적용과 응용, 연습이 필요합니다. 방학기간을 이용해 예습을 한 뒤 학교에서 배우면 보다 확실히 이해가 되고 연습하고 적용할 기회도 많아집니다.

선행이 아닌 예습이 중요

우리에게는 모두 '컴포트 존(comfort zone)'이 있습니다. 말 그대로 내가 가장 편안하다고 느끼는 영역이지요. 우리 집 거실에 있는 푹신한 소파, 그 소파에 기대어 있으면 피로가 풀리고 스트레스가 사라집니다. 그 곳은 나의 '공간적' 의미의 컴포트 존입니다.

그런데 공부도 마찬가지입니다. 공부에도 컴포트 존이 있지요. 별다른 노력을 기울이지 않아도 충분히 알 수 있고, 알고 있는 지식, 그것이 바로 나의 컴포트 존입니다.

초등학교 3학년에게 '5+7'이나 '13-9'는 컴포트 존입니다. 열심히 머리 굴리지 않아도 구할 수 있는 편안한 문제입니다. 컴포트 존 안에 속해 있는 문제인 것이지요. 컴포트 존이 넓은 아이들은 자신감이 있고 확실하게 설명할 수 있습니다. 완전히 내 것으로 된 것이 많으니까요.

안타깝게도 수학 선행 학습을 한다고 해서 컴포트 존이 확대되지는 않습니다. 내가 배워본 경험이 있는 범위는 분명 넓어지겠지만 내가 확실하고 완벽하게 알아서 노력을 기울이지 않아도 될 만큼 편안한 수학적 지식이 많아지는 것이 결코 아닙니다. 그렇다면 어떻게 우리 아이의 컴포트 존을 확보할 수 있을까요?

복습은 아이들의 컴포트 존을 점차 넓혀나갈 수 있는 가장 좋은 방법입니다. 새로운 것을 배우는 양보다 이미 알고 있는 것을 깊게 파고드는 공부를 해야 합니다. 컴포트 존을 완전히 벗어난 저 바깥의 것을 배우는 일은 쉬운 게 아닙니다. 내가 잘 알고 있는 분야가 전혀 아니니까요.

따라서 컴포트 존 주변의 것부터 새로이 학습을 시작해야 합니다. 처음에는 컴포트 존, 그 경계에 있는 개념을 공부하다가 점차 그 밖의 것을 조금씩 학습합니다. 그러면서 동시에 컴포트 존 안에 있는 것은 깊게 파고들어야 합니다.

방학은 컴포트 존을 깊게, 그리고 넓히는 데 최적의 시기입니다. 특히 수학 과목은 방학기간을 놓치지 말아야 합니다. 복습용 문제집은 심화 수준으로, 예습용 문제집은 아주 쉬운 것으로 고

	3학년 2학기 겨울방학을 활용한 복습, 예습 습관의 예				
	7월 넷째주	8월 첫째주	8월 둘째주	8월 셋째주	8월 넷째주
3-2 수학 복습	3학년 2학기 최상위수학 1, 2단원	3학년 2학기 최상위수학 3단원	3학년 2학기 최상위수학 4, 5단원	3학년 2학기 최상위수학 6단원	
		7월 넷째주에 풀었던 문제들 중 틀린 문제 다시 풀기	8월 첫째주에 풀었던 문제들 중 틀린 문제 다시 풀기	8월 둘째주에 풀었던 문제들 중 틀린 문제 다시 풀기	8월 셋째주에 풀었던 문제들 중 틀린 문제 다시 풀기
4-1 수학 예습	4학년 1학기 EBS 만점왕 1단원	4학년 1학기 수학 연산 문제집 1단원	4학년 1학기 EBS 만점왕 2단원	4학년 1학기 수학 연산 문제집 2단원	4학년 1학기 3단원

릅니다. 복습용 문제집에서도 틀리는 문제는 반드시 있으므로 복습한 것을 다시 복습하는 습관을 길러주어야 합니다. 위의 예처럼 말입니다.

여유를 가지고 하나를 알더라도 확실하게 알고 가는 것이 가능한 시기가 바로 초등입니다. 대충 아는 것이 아니라 확실히 알고 지나가려는 습관은 곧 결과로 이어집니다. 십수 년 전 6학년 담임을 했던 때 만난 한 제자를 소개하겠습니다.

그날의 사회 수업시간에는 우리나라 금속 활자 인쇄술에 대해 알아봤습니다. 현존하는 세계 최고(最古) 금속 활자 인쇄본 직지심체요절에 대해 이야기를 하며 우리 조상의 과학적인 우수성을 알아보는 시간이었지요. 그러다 보니 교과서에 나오지 않은 세계에서 가장 오래된 목판 인쇄에 대해서도 조금 이야기를 하게 되었습니다. 하지만 그것까지 자세히 얘기하기에는 시간이 부족해서 살짝 언급만 하고 수업을 마무리했습니다.

그런데 이 제자는 그 다음날 쉬는 시간에 저에게 와서 "어제 선생님이 말씀하신 목판 인쇄물이 '무구정광대다라니경'이 맞나요?"라고 물어보는 것이었습니다. 그 아이는 인터넷에서 찾아보았는지 한자로도 적어왔습니다. 그것이 경주 불국사 석가탑에서 나온 게 정말 신기했다고 했습니다.

수업시간에 충분히 설명을 듣지 못한 것을 기억해두었다가 직접 찾아보는 제자의 모습에 놀라지 않을 수 없었습니다. 수업 시간에도 늘 더 깊게 탐구하는 자세로 임했던 이 아이는 결국 국제중학교에 1기로 진학했고, 의과대학교에 입학해 현재 의사로서의 꿈을 펼쳐가고 있습니다.

모든 아이들은 궁금한 것이 많습니다. 아직 모르는 것이 많고 상식이 풍부하지 않아서 이해되지 않는 것들이 많습니다. 잘 모르고 대충 알고 있는 상태로 지나가는 것들이 익숙할 수 있습니다. 대부분의 아이들은 여기에서 그치지요. 그러나 여기서 스스로 궁금한 것, 이해가 잘 안 되는 것들을 찾아보고 지식을 확장해가는 습관이 있는 아이는 그 결과도 분명 다릅니다.

궁금한 것을 메모하고 함께 찾아보는 습관을 어릴 적부터 길들여주세요. 교과서나 참고서에 잘 정리되어 있는 지식들은 머릿속에 오래 남기 어렵지만, 자신이 궁금해서 스스로 알아낸 지식은 머릿속에서 쉽게 잊혀지지 않고 온전히 자신의 것이 됩니다.

부모님 세대가 어릴 적에는 궁금한 것들을 스스로 해결하기 어려운 환경이었습니다. 그렇지만 지금과 같은 정보화 시대에는 인터넷 검색을 통해 궁금한 것을 얼마든지 스스로 해결하고 찾아갈 수 있습니다.

아이들이 꼬리에 꼬리를 무는 질문 습관을 갖도록 도와주세요. 그리고 궁금한 것을 그냥 넘기지 않고 스스로 질문을 해결하려는 아이들을 크게 칭찬해주세요.

아이와 대화 나누기

오늘 엄마(아빠)가 들려주고 싶은 이야기는 '토끼와 거북이' 야. 이미 잘 알고 있는 이야기지? 네가 이 경주의 주인공이라고 한번 생각해보자.

실제 이야기에서 토끼가 조금 달리다가 거북이가 뒤처져 있는 걸 보고 안심을 하며 낮잠을 자잖아. 너가 토끼라면 어떻게 하겠어? 낮잠을 잘까? 아니면 아직 한참 멀리에 있는 결승선까지 열심히 뛰어갈 거야?

그럼 이번에는 네가 거북이라고 생각해보자. 실제 이야기에서는 토끼가 저 멀리 보이지도 않을 만큼 앞서 가는데도 거북이는 포기하지 않아. 주변에 있던 친구들이 거북이에게 "넌 아무리 노력해도 토끼한테 못 이길 거야"라고 했지만 거북이는 포기하지 않고 느린 걸음으로 부지런히 걸어가서 결국 경주에서 이기잖아. 너라면 어떻게 하겠니? 정말 이길 가능성이 없어 보여도 포기하지 않고 꾸준히 노력할 수 있을까?

'토끼와 거북이' 이야기를 곰곰이 생각해보면, 달리기가 빠르다고 해서 경주에서 꼭 이기는 건 아니란다. 달리기를 잘하는 사람은 시합을 했다 하면 매번 이길까? 그렇지 않아. 토끼처럼 자기 실력만 믿고 자만하고 게으름 부리고 상대방을 우습게 보면서 중간에 낮잠을 잔다면 나중에는 지게 될 거야. 느리기로 유명한 거북이한테도 지는 일이 생기는 거지.

　　이것처럼 머리가 좋고 똑똑하다고 해서 반드시 공부를 잘하고, 반드시 성공하는 것도 아니란다.

　　또한 반대로 생각해보면 달리기가 느리다고 보나마나 지는 것도 아니란다. 안 되는 게 당연하다고 생각되는 일도 꾸준히 부지런히 노력하면 거북이처럼 성공할 수 있는 거란다.

　　공부도 마찬가지란다. 머리가 좋으면 좋겠지만 머리가 나쁘다고 해서 공부를 못하는 게 아니야. 머리가 좋아야 공부를 잘하는 게 아니라 꾸준히 해야 하는 거야. 그래서 사람들이 하는 말 중에 '공부는 머리로 하는 게 아니고 엉덩이로 한다'는 말이 있어. "잉? 엉덩이로 공부를 해요? 엉덩이로 글씨를 써요?"라고 물을 수 있겠지만, 그게 아니라 책상 앞에 차분히 앉아서 꾸준히 공부를 하는 사람이 결국 좋은 결과를 얻고 나중에도 성공한다는 말이야.

　　머리 좋은 아이가 공부에 집중하지 못하고 자꾸 물을 마시러

나오고 조금 하다가 게임하고 TV 보고 그러면 공부 잘하기가 어렵지. '나는 조금만 해도 잘할 수 있어. 시험이 일주일 남았지만 괜찮아. 조금 더 놀다가 공부해야지.' 그렇게 지나친 자신감으로 마음을 놓고 있다가는 경주에서 지는 토끼처럼 되는 거야.

그래서 공부는 머리로 하는 게 아니라 엉덩이로 한다는 말이 딱 맞는 거야. 원래 있던 속담이 아니고 요즘 생긴 말인데, 정말 그렇지 않니? 머리 좋은 애들이 공부에만 머리를 쓰면 좋은데, 게임이나 안 좋은 것도 금방 배우더라. 아니면 이상한 친구들과 나쁜 행동에 빠진다던가. 그래서 머리 좋은 애들이 오히려 공부를 더 못하게 되는 경우가 많아.

느린 거북이처럼 한결 같이 차분하고 뚝심 있게 자기 일, 자기 공부를 꾸준히 하는 사람이 나중에 가서 결국 공부를 더 잘하게 되고 성공하게 되는 경우가 얼마나 많은지 아니? 공부는 엉덩이로 한다는 말을 꼭 기억하길 바란다.

무엇이든지 일단
시작해보는 습관

Q 저는 초등학교 5학년 아들을 키우고 있습니다. 아주 어릴 적부터 낯을 좀 가리는 성격이라 새로운 것에 도전하는 일이 결코 쉽지 않았어요. 그런데 꽤 나이가 찼는데도 여전히 새로운 시작을 하지 않으려는 모습에 걱정이 됩니다. 어떤 도움을 줄 수 있을까요?

- -

A 무조건 대화가 필수입니다. 또 아이의 관심사가 어떻게 변하는지 면밀히 파악할 필요도 있고요. 관심이 생겨났을 때를 놓치지 않고 아이에게 시작을 제안해야 합니다.

대화 #1

부모: 진수야, 우리 한자 좀 배워볼까?

아들: 싫어. 안 할래.

부모: 왜 싫어? 한자가 배우고 나면 은근히 재밌어.

아들: 싫어. 안 배울래. 어려울 것 같아.

대화 #2

부모: 방과후학교 팸플릿을 보니까 플루트반이 새로 생겼던데, 플루트 한번 배워보는 거 어때? 플루트는 들고 다닐 수도 있고 소리도 굉장히 예쁘잖아. 우리 딸한테 너무 잘 어울릴 것 같아.

딸 : 그러고 싶긴 한데… 다음에 배울래요.

부모: 응? 왜?

딸 : 다른 애들은 나보다 일찍 시작했으니까 다 나보다 잘할 것 같고 왠지 좀 무서워요.

대화 #3

부모: 엄마가 이 책 너무 재미있다고 해서 한번 읽어봤거든? 그런데 진짜 너무너무 재밌었어. 너도 한번 읽어봐.

아들: 엄마, 근데 이 책 너무 두껍고 글자도 많고 그림은 하나도 없어서 나는 못 읽을 것 같아요.

부모: 그렇긴 한데, 생각보다 내용이 쉽고 재밌어서 너 정도면 충분히 도전할 만해.

아들: 음. 그럼 한번 읽어볼게요!

대화 1, 2에서처럼 무엇을 하자고 했을 때 그 시작이 두려워 머뭇거리는 친구들이 있습니다. 아이가 스스로 도전하고 부딪쳐

보았으면 좋겠는데, 그저 최소한의 것만 하려고 하고 새로운 것을 배워볼 생각이 없어서 고민이라는 학부모들을 많이 만납니다. 현실에 안주하려 하는 아이가 안타까워서 이것저것 많은 제안을 하다가 결국 포기했다는 고백을 종종 듣습니다.

교실에서도 마찬가지입니다. 평소에는 자기주장도 확실하고 명랑한 아이인데 너무 멋지게 글을 썼으니 한번 읽어보자는 말에는 머뭇거립니다. 잘할 수 있는 능력치가 충분히 있는데 그것을 발휘하려 하지 않는 아이들을 보면 교사인 저도 상당히 안타깝습니다.

특히 배움에 있어서 그 시작을 머뭇거리는 아이들도 상당히 많습니다. 실수해도 괜찮으니 일단 해보고자 하는 용기가 있으면, 그 시작에서 머뭇거리는 시간을 절약할 수 있습니다.

일찍 일어난 새가 먼저 먹이를 먹고, 달리기 선수가 출발선에서 머뭇거리지 않았을 때 성적이 좋은 것처럼 시작에 망설임이 없는 아이는 더 많이 경험할 수 있는 시간을 확보할 수 있습니다.

일단 시작해보자

물론 아이의 타고난 성향의 차이에 따라 다를 수 있습니다. 모험심을 유독 많이 가지고 있는 아이도 있고, 안정적인 것을 추구하는 아이도 있지요. 그렇지만 초등학교 저학년 때에는 내가 몸으로 경험한 것이 곧 나의 배경지식이 됩니다. 많이 경험해본 아이는 그만큼 지식이 열매 맺을 수 있는 가지가 많은 것이지요.

A패턴

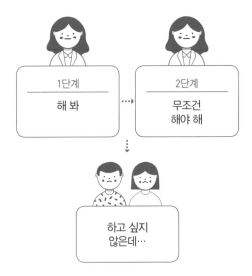

B패턴

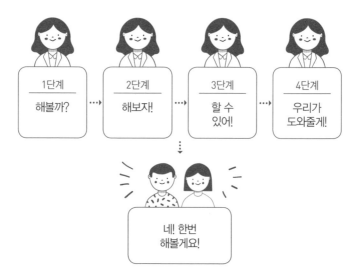

A패턴의 말을 자주 하나요? B패턴의 말을 자주 하나요? A패턴이 더욱 간결하고 효과도 즉각적으로 나타나지만, 장기적인 관점에서는 B패턴의 효과가 오래 지속됩니다.

A패턴이 불필요한 건 아닙니다. '양치질'과 같이 필수적인 습관 형성에는 A패턴을 사용해야 하지요. 또한 B패턴에서도 '해볼까?'에서 그치면 안 됩니다. '해볼까?'만 주구장창 반복해서도 안 됩니다. 도와주고 응원해주겠다는 지지의 말인 4단계까지 꼭 다 다를 수 있도록 해야 합니다.

또한 부모는 아이의 관심사가 어떻게 변하는지를 세심히 관찰해야 합니다. 아이가 궁금해하는 것이 있다면 대강 알려주고 끝내는 것이 아니라, 관심을 보이는 바로 그때에 그것과 관련된 경험을 해보자고 권유해봅니다. 아이들은 궁금해할 때 배움의 욕구가 가장 큽니다. 새로 생긴 관심사는 시작의 두려움을 뛰어넘게 합니다.

무거워 보이는 바위가 있습니다. 힘껏 밀어 굴려 보려 하지만 꿈쩍도 하지 않습니다. 바위가 무거울수록 마찰력이 크기 때문에 쉽게 굴려지지 않습니다. 힘을 더 주어봅니다. 만만치 않습니다. 더 큰 힘을 주어 밀면 바위가 조금씩 구르기 시작합니다. 한번 구르기만 하면 이때부터는 멈추지 않도록 계속 굴려주어야 합니다. 처음보다는 좀 적은 힘이 듭니다.

물리학 개념인 '최대정지마찰력'을 설명한 예입니다. 움직이기 직전까지는 힘이 많이 들지만 어느 순간 움직이기 시작하면 작은 힘으로도 술술 굴릴 수 있습니다. 심지어는 손가락 하나로도 굴릴 수 있습니다. 최대정지마찰력이 있는 것처럼 무슨 일이든지 그 일의 처음엔 시작의 어려움이 있습니다. 그래서 시작을 넘어서는 것이 중요한 것입니다. 자녀가 그 시작을 넘어서도록 부모님이 함께 밀어주고 당겨주는 것이 필요합니다.

운동이 부족한 자녀에게 매일 저녁 줄넘기 200개씩 연습하는 습관을 길러주고 싶으신가요? 그렇지만 생각보다 시작하기가 쉽지 않습니다. 어디서 줄넘기를 해야 할지, 적당한 줄넘기 줄이 있는지, 줄넘기 200개는 개수가 적당한지, 밥 먹고 바로 할지, 소화를 좀 시켰다가 할지, 아예 밥 먹기 전에 할지.

시작하기 전에는 시작하지 말아야 할 이유가 차고도 넘칩니다. 귀찮기도 하고 시간도 없습니다. 줄넘기 200개로는 별로 효과도 없을 것 같고 컨디션이 안 좋을 수도 있습니다. 막상 마음을 먹고 줄넘기를 들고 나가려니 배가 아플 수도 있습니다. 하지만 일단 시작을 하는 것이 중요합니다. 그래서 '시작이 반이다'라는 속담이 있나봅니다.

좋은 결과는 어디에서부터 출발할까요? 좋은 결과에는 반드시 시작이 있었습니다. 천리 길도 한 걸음부터 시작된다는 것을 아이들과 함께 다짐합시다. 공부 습관도 아주 작고 사소한 시작에서부터 출발합니다.

TIP

아이와
대화 나누기

엄마(아빠)가 초등학생 시절에 흔히 들었던 말 중에 '시작이 반이다'라는 말이 있어. 물론 '시작이 절반을 차지할 만큼 중요하다는 뜻이구나'라고 생각했었지만 '시작이 왜 반이야? 시작은 이제 겨우 시작이지…'라는 생각이 들기도 했어.

시작이 반이라는 말, 너도 들어본 적 있지? 엄마(아빠)가 좀더 확실하게 알아보려고 인터넷에서 '시작이 반이다'를 검색해보니 사전에는 '무슨 일이든지 시작하기가 어렵지 일단 시작하면 일을 끝마치기는 그리 어렵지 아니함을 비유적으로 이르는 말'이라고 나오더구나.

우리 아들(딸)도 이런 경험이 있을까? '공부해야지, 공부를 시작해야지. 시작해야지' 하면서 '시작'을 못했던 경험이 있니? 무엇인가를 해야지, 해야지 마음만 먹고 실천으로 옮기지 못한 적이 있니?

'이제 부모님에게 존댓말을 써야지. 반말을 그만하자'라는 마음만 먹고, '해야지! 해야지!' 하며 망설여본 적이 있니? 처음에 부모님에게 존댓말을 쓰는 것이 얼마나 어색하고 낯선 일인지 몰라. 하지만 일단 시작만 하면 그 다음부터는 크게 어렵지 않아.

엄마(아빠)도 그런 적이 있어. '체중 조절을 위해 다이어트를 해야지!'라고 마음을 먹었는데, 막상 다이어트를 하려고 하면 너무 어려운 거야. '해야지! 해야지!' 하면서 시작하지 못하는 것이 엄마(아빠)도 있어.

사람은 새로운 것, 낯선 것을 시작할 때 주저하고 망설이게 돼. 그래서 실천에 옮기는 것은 꽤 대단한 용기와 결심이 필요한 거야. 시작이라는 것은 해내고자 하는 일의 절반을 차지할 만큼 중요한 거야. 그렇긴 한데 다르게 생각해보면 '이제 시작인데 이미 절반이 지났다'라고 생각할 수도 있어! 일단 시작하기만 하면 우리는 벌써 절반이나 한 거야!

그런데 말이야. 50m 달리기를 할 때 좋은 기록을 얻고 싶은데 준비 운동도 안했고, 신발 끈도 안 묶었다고 생각해봐. 좋은 기록이 나올까? 시작은 했으니 일단 앞만 보고 달리기는 해야겠지만, 그전에 준비가 잘 되었다면 좀더 잘 달릴 수 있지 않았을까?

그러니까 시작할 때에는 준비가 되어 있으면 더 좋은 거야. 우리 아들(딸)이 새롭게 시작해보고 싶은 게 있을 때는 언제든지 말해주어. 우리 같이 열심히 준비하고, 용기 있게 시작도 해보자!

자투리 시간 활용하기
_ 독서

Q 아이가 어릴 적에는 책을 읽을 시간이 많았었는데, 학년이 올라갈
수록 독서를 할 수 있는 시간이 없어져서 안타깝습니다.

- -

A 자투리 시간을 활용해야 합니다. 아이의 곁에 언제나 책이 있도록
챙겨주세요.

우리 아이의 책가방에는 무엇이 들어 있나요? 당연히 필통
과 알림장, 가정통신문 파일, 일기장 등이 있을 것입니다. 저는 아
이들의 책가방에 수시로 읽을 책이 있었으면 좋겠습니다. 학교에
있을 때 자투리 시간이 많이 생기기 때문입니다. 자투리 시간이
별 볼 일 없는 시간 같아도 1년 동안 그 시간이 쌓이면 아주 의미
있는 시간이 됩니다.

예를 들어 수업 시간에 선생님이 수학 익힘책을 푸는 과제를
내주었다면, 이 과제를 끝마치는 시각은 아이들마다 다르겠지요.

먼저 일찌감치 끝낸 아이들은 다른 아이들이 다 풀 때까지 기다려야 합니다. 딱히 다른 할 일이 없으면 멀뚱거리다가 이내 지루해집니다. 아이는 자투리 시간을 무료함으로 채우는 경우가 많아집니다.

미술시간도 마찬가지입니다. 미술과목은 특히 아이들마다 작품을 완성하는 데 속도 차이가 엄청나서, 일찍 작품을 완성한 친구들에게는 꽤 긴 자투리 시간이 생깁니다.

자투리 시간을 효율적으로 쓸 수 있는 방법은 무엇일까요? 자투리 시간을 학습적인 측면에서 가장 효율적으로 보낼 수 있는 방법은 바로 '자투리 독서'입니다. 독서는 독서할 수 있는 시간과 장소를 따로 마련해서 하는 것이 아닙니다. 만약 그렇다면 우리는 일 년 365일 중 독서를 할 수 있는 날이 손에 꼽을 만큼 적을지도 모릅니다.

독서는 시간을 내서 장소를 구해서 하는 것이 아니라 편한 시간과 적당한 공간이 있을 때 하는 것이 제일 효율적으로 할 수 있고 또 즐겁습니다. 그렇기에 학교에서의 자투리 시간은 독서하기에 최적의 조건을 갖추고 있는 것이나 다름없지요.

집에서도 마찬가지입니다. 저녁 먹기 전, 외출하기 전 등 무언가를 기다려야 하는 상황에서 스마트폰 대신 책을 손에 집을 수 있다면 얼마나 좋을까요? 아주 잠깐이라도 누군가의 방해 없이 편안하게 독서하는 재미를 스마트폰에 내어주지 않았으면 좋겠습니다.

자투리 시간에 읽는 책은 그래서 쉬워야 합니다. 심심풀이 수수께끼 책도 나쁘지 않습니다. 정말 잠깐 읽는 책이 될 테니까요. 남는 시간에 무언가를 읽는 것은 그 자체로도 충분한 의미가 있습니다.

자투리 시간에 읽은 책으로는 가급적 독후활동을 하지 않았으면 합니다. 특히 책을 읽기 싫어하는 아이일수록 독후활동을 하는 것에 신중하길 바랍니다. 특히 저학년 아이들의 경우 아이들이 읽는 책은 쪽수가 그리 많지 않습니다. 한 권을 읽는 데 걸리는 시간도 짧지요. 아이들이 읽는 책마다 독후활동을 하려고 하면, 아이는 아무리 간단한 독후활동이라고 해도 금방 지치고 피곤해집니다.

책은 그저 책으로써 즐길 수 있어야 합니다. 다독할 수 있는 시기가 또 이 시기이기도 하고요. 독후활동에 매진하느라 다독하는 즐거움을 아이들에게서 앗아가지 않았으면 좋겠습니다. 그렇다고 무조건 책만 읽히라는 것은 아닙니다. 저학년 어린이들에게는 글로 표현하는 것보다 책에 대한 이야기를 나누는 것이 훨씬 더 좋은 독후활동입니다.

자투리 독서의 가치

말로 어떻게 독후활동을 이끌 수 있을까요? 책을 읽고 난 직후에 아이에게 그 소감을 물어보는 것이 좋습니다. "어떤 생각을 했어?" "주인공이 구덩이에 빠지는 장면 어땠어?" "너라면 어떻게 했겠니?" 이런 질문들을 하는 것도 도움이 됩니다.

아이가 과연 책을 잘 읽었을까 궁금한 마음에 단순히 내용을 확인하는 질문은 큰 도움이 안 됩니다. 물론 무조건 해서는 안 된다는 뜻은 아닙니다. 아이가 평가받는 느낌이 들지 않게 이야기를 나누는 것이 좋습니다.

평가받는 느낌이 들지 않는 '이야기 나누기' 독후활동은 책을 읽은 직후보다는 일상생활에서 이루어지는 것이 훨씬 좋습니다. 예를 들어 비가 오는 날 아이에게 "지우야, 우리가 지난번에 읽었던 『노란 우산』이라는 그림책 기억나?"라고 물어보는 겁니다. 아이와 함께 그날 읽었던 그림책의 내용, 느낌, 대사 등을 함께 나누면 그것이 살아 있는 그림책 독후활동입니다. 꼭 그림이나 글로 남겨야만 의미 있는 것이 아니랍니다.

"자투리 독서로 '학습만화'는 괜찮을까요?"라는 학부모 질문을 많이 받습니다. 저는 학습만화도 어느 정도는 괜찮다고 생각합니다. 독서광이라고 소문난 사람들 대다수가 만화광입니다. 하지만 학습만화만을 고집해서 읽는 것은 조금 문제가 됩니다. 어느 한쪽으로 기울어진 독서는 다른 한쪽을 불가능하게 만들 수도 있기 때문입니다.

학습만화와 일반 책을 고루 읽을 수 있다면 학습만화를 제한하지 않아도 됩니다. 읽지 못하게 하면 더 읽고 싶은 것이 사람의 심리이기도 하니까요.

책을 많이 좋아하는 아이라면 자투리 시간에 읽을 책을 스스로 고를 것입니다. 그런데 책을 좋아하지 않는 아이에게는 자투리 시간에 책을 읽어야 한다고 강요하는 것 자체가 고역입니다. 스마트폰 게임을 하는 것보다는 학습만화를 읽는 것이 훨씬 더 나은 가치가 있습니다. 아이가 읽고 싶은 책을 읽게 하는 것이 책에 대한 흥미를 떨어뜨리지 않는 방법입니다.

아이가 머무는 곳에 양질의 책이 많이 있으면 더욱 좋겠습니다. 자투리 시간에 아무런 의미 없이 고른 책 한 권이 '아이의 인생 책'이 될지도 모를 일입니다. 우리 아이의 가방 속에는 오늘, 어떤 책이 있습니까?

　오늘의 이야기는 '수불석권'이라는 사자성어야. '수불석권'이라는 네 글자의 한자로 된 사자성어는 엄마(아빠)가 중학교 시절에 처음 배웠던 기억이 나.

　수불석권, 무슨 뜻일까? 한자로 '수' 자는 '손 수(手)', '불' 자는 '아닐 불(不)', '석' 자는 '풀 석(釋)' 또는 '놓을 석'으로, '석' 자는 '죄수를 석방하다' 이럴 때 쓰는 '석' 자야. '손에서 놓다, 매어 있던 것을 풀다' 이런 뜻을 지니고 있어. 그리고 마지막 '권' 자는 '책 권(券)' 자야. 너희들이 책을 셀 때 한 권, 두 권, 이렇게 세지? 그때 쓰는 '책 권' 자란다.

　그래서 '수불석권' 전체의 뜻은 '손에서 책을 놓지 않는다'라는 뜻이야. 책이 너무 좋아서, 책을 계속 읽고 싶어서, 책을 손에서 놓지 않고 계속 들고 있다는 뜻이지.

　책이 얼마나 좋으면 손에서 책을 놓지 않을까? 너희들도 소중한 것을 손에서 놓고 싶지 않았던 적이 있니? 너무 좋아서, 정말 재미있어서, 마음에 쏙 들어서, 계속 하고 싶어서, 계속 갖고 있고 싶었던 적이 있니?

엄마(아빠)가 배드민턴을 처음 배울 때였는데, 배드민턴이 너무 재미있고, 그렇다 보니 더 잘 치고 싶더라고. 그래서 생각이 날 때마다 배드민턴 연습을 했고, 틈날 때마다 배드민턴 라켓을 쥐고 이래저래 연습을 했었어.

배드민턴 라켓을 갖고 있을 수 없을 때는 리모콘이나 스마트폰을 라켓처럼 들고 연습을 할 정도로 계속 배드민턴을 어떻게 하면 더 잘 칠 수 있을지 궁리했지. 버스나 지하철을 타고 어디에 갈 때에는 일부러 서서 가거나 까치발로 서서 다리 힘을 기르곤 했지. 그러다 보니 배드민턴을 점점 더 잘하게 되더라.

이처럼 사람이 무엇인가 정말 좋아하는 게 생기거나, 무언가를 더 잘하고 싶어지면 누가 시키지 않아도 늘 곁에 두고, 머릿속에서 자꾸 생각이 날 거야. 그러면서 점점 더 잘하게 되지.

그런데 엄마(아빠)는 요즘 안타까운 경우를 많이 봐. 버스를 기다리거나 길거리를 걸어가면서 폰으로 게임을 하는 아이들이 많지. 그런 걸 보면 아주 많이 안타까워. '저 아이는 폰을 손에서 놓지 않는구나. 늘 틈날 때마다 폰을 가까이 하고, 머릿속에도 늘 게임 생각이 가득하겠구나.' 이런 상황은 수불석권이 아니라 '수불석폰(?)'이라 할 수 있겠지.

스마트폰으로 게임도 하고 검색도 하고 카톡도 하고 워낙 쓰임새가 많아서 자꾸 생각나고 점점 더 의존하게 되지만 그래도 너를 기다리고 있는 책들을 생각하며 도서실로 걸음을 옮겨보는 건 어떨까?

잠깐의 틈이 날 때마다, 자투리 시간이 생길 때마다, 수불석폰이 아닌 수불석권의 모습을 기대해본다. 아주 짧은 시간이 나더라도 책을 읽을 수 있도록 항상 곁에 스마트폰이 아닌, 책이 함께 하기를 기대한다. 책 속에 숨어 있는 무한한 보물들을 찾아내기를 바라.

가정통신문	**4장을 마무리하며**	확인

공부 습관을 키우는 비법은 이미 많습니다.

많은 비법들을 우리 아이에게 모두 적용해보고자 애쓰지 마세요.

그저 사소하고 가벼운 작은 습관 하나만

확실히 붙잡아보게 합니다.

취침 시간, 아침 기상 시간만 지켜보는 것도 좋습니다.

결국 견고한 기반과 튼튼한 기초가

이룰 수 없을 것만 같은 큰 목표를

가능하게 합니다.

에필로그
우리는 더 좋아진 것에
집중합시다

이 책은 초등학생의 습관 형성에 도움을 줄 수 있는 책이 있었으면 좋겠다는 출판사의 권유로 쓰기 시작했습니다. 저희 부부는 원고에 대해 함께 머리를 맞대고 오랜 시간 몰두하며 생각하는 시간을 보냈습니다. 그리고 『한 권으로 끝내는 초등학교 입학 준비』라는 책으로 예비 초등을 준비하고, 『듣는 독서로 완성하는 아이의 공부 내공』이라는 책으로 1, 2학년 시기의 독서력을 다진다면, 그 두 책을 모두 아우를 수 있는 포괄적인 메시지를 이 책에 오롯이 담아내고 싶었습니다.

원고 구상에 시간을 투자했더니 일단 시작하고 난 뒤에는 원고 집필에 빠르게 탄력이 붙었습니다. 그만큼 독자들에게 전하고 싶은 메시지가 확실했습니다.

에필로그를 통해 이 책을 끝까지 탐독해주신 분들에게 습관 형성에 대한 2가지 방법을 특별히 말씀드리고 싶습니다.

첫 번째는 좋은 습관을 덧붙이는 방법입니다. 울퉁불퉁하게 모나고 움푹 팬 찰흙 덩어리에 새로운 말랑한 찰흙을 덧붙이는 것과 비슷합니다. 좀더 나은 내가 되기 위해, 바람직한 습관을 얻기 위해 나의 부족한 부분을 채우는 것이지요.

두 번째는 첫 번째와는 반대 개념입니다. 나쁜 습관을 없애는 방법입니다. 울퉁불퉁하게 모나고 움푹 팬 찰흙 덩어리에서 모난 부분을 깎아내는 방법입니다. 나에게 쓸모없고 취할 필요가 없는 부분을 과감히 도려내는 것이지요.

이 2가지 방법 사이에는 적당한 균형이 필요합니다. 아이의 나쁜 습관을 도려내는 데 집중한 나머지, 아이가 가지고 있는 좋은 습관을 보지 못하는 오류를 범하지 마세요. 또한 좋은 습관에만 집중한 나머지, 최대한 빨리 버려야 할 좋지 못한 습관을 계속 지니고 가는 오류도 범하지 않기를 바랍니다.

이 과정은 사실 무척 어려워서 그 누구도 완벽하게 해낼 수 없다고 생각합니다. 저희 부부 또한 가정과 교실에서 이 2가지 방법 사이의 적당한 균형을 찾지 못하고 기우뚱거리며 갈팡질팡할 때가 많습니다. 그런 날에는 그냥 '더 좋아진 것'에만 집중하려고 노력해봅니다. 더 나빠진 것은 일단 고이 접어두고, 더 좋아진 것만 바라보는 것이지요. 좋은 습관을 기르는 것, 나쁜 습관을 버리는 것에는 분명한 목표가 있습니다.

'더 나은 내가 되는 것', 이것이 목표이지요. 나쁜 습관을 끊는 것보다 좋은 습관을 추가하는 것이 더 쉽습니다. 그러니 우리는 꾸준히 추가된 좋은 습관에 집중해보기로 합니다. 그러면 기우뚱거렸던 내 기준들이 조금씩 눈에 들어오기 시작합니다. 아이의 '더 좋아진 습관'에 집중했을 뿐인데, 이상하게 나도 더 좋은 사람이 된 것만 같은 묘한 느낌도 들어요.

특히 이번 책이 특별히 애착이 가는 이유는 원고를 쓰며 우리 부부가 함께 나누었던 대화의 시간들 때문이었습니다. 평소 초등교육에 대해 함께 머리를 맞대어 고민하며 이야기를 나누고 메모했던 것들이 이 책의 기본 원동력이었습니다.

마지막으로 1형당뇨의 인식개선에 힘쓰는 한국1형당뇨병환우회와 늘 응원을 아끼지 않는 양가 부모님과 가족들에게 감사합니다. 우리에게는 무엇과도 바꿀 수 없는 우리 삶의 보석인 두 딸 지윤이, 지우에게는 더 큰 사랑과 고마움을 전합니다.

서울 충무초 교사 한기석
서울 정수초 교사 김수현

부록

Q&A로 알아보는
우리 아이의 습관과 솔루션

직업의 특성상 학교 현장에서 매년 학부모들을 만납니다. 강연장에서도 아이를 바르게 키우고자 노력하는 부모님들을 많이 만납니다. 블로그와 SNS상에서도 궁금증은 끊이지 않습니다. 여기에서는 학부모들이 궁금해하는 것들을 구체적인 사례와 함께 나누고자 합니다.

Q 학부모 상담을 갔더니 담임선생님이 저희 아이가 짝꿍의 잘못을 자주 지적하는 바람에 종종 트러블을 겪는다고 말씀해주셨어요. 그러고 보니 아이들과 함께 놀 때, 저희 아이가 다른 친구들의 잘못을 시시콜콜 알려주고 습관적으로 잔소리하는 모습이 보였습니다. 이미 습관이 되어버린 듯한데 어떻게 하면 좋을까요?

A 일단 아이의 성격이 굉장히 규칙 순응적일 것이라는 예상을 조심스럽게 해봅니다. 일명 아주 모범적인 아이이지요. 정해진 규범을 반드시 지켜야 하는 꼼꼼한 성격의 소유자일 가능성이 아주 큽니다. 그러다 보니 규칙을

지키지 않는 아이, 선생님이 시키는 대로 하지 않는 아이가 이해가 잘 안 될 겁니다.

아이에게 사람은 모두 다르다는 것을 알려주어야 합니다. 외모도 모두 다르고, 손가락 지문도 모두 다릅니다. 혈액형도 다르고요. 무엇보다 태어난 날도 모두 달라요. 모두가 절대 같을 수는 없다는 것을 알려주어야 해요. 『너는 어떤 씨앗이니?』와 같은 그림책을 추천합니다. 저마다 다른 씨앗이 있어요. 아이가 차차 이 사실을 알아가면 점점 지적하는 습관은 사라질 것입니다.

또 한 가지 더 말씀드리자면 부모가 아이에 대한 평가를 자주 하고 있는 건 아닌지 돌아봐야 합니다. 지적하는 말투를 너무 자주 사용하고 있는 건 아닌지도 함께 확인해보세요.

Q 저희 아이는 편식하는 습관이 아주 어릴 적부터 있었습니다. 유치원 때까지는 그럭저럭 잘 버텼는데 학교에 입학하고 나니 편식하는 아이가 더 걱정이 돼요. 편식을 하다 보니 밥 먹는 속도도 너무 느립니다. 과자를 먹을 때와 밥 먹을 때의 모습이 정말 달라요. 식습관을 어디서부터 다시 잡아주어야 할지 모르겠습니다.

A 1학년 아이들을 오래 담임해보니 편식하는 아이들도 두 부류가 있더군요. 일단 특정 재료가 들어간 반찬을 전혀 먹지 못하는 아이들이 있어요. 입에 대는 것조차 어려워하고, 심지어 구역질을 하기도 합니다. 입에 들어

갔다고 해도 씹거나 꿀꺽 삼키지를 못해요. 이런 아이들은 본래 타고난 성향이 예민한 아이들입니다. 부모가 윽박지른다고 해도 결코 먹지 못해요. 조심스럽게 접근해야 합니다. 함께 요리도 해보고 천천히 시도해보아야 해요.

그런데 어떤 아이들은 교사가 먹으라고 하면 먹습니다. 그런데 자발적으로 먹지는 않아요. 자꾸 물 마시러 다녀오고 싶다, 화장실에 다녀오고 싶다고 하면서 자리에서 일어납니다. 옆 친구와 이야기하느라 급식시간을 다 사용해버려서 결국 마지막에 허겁지겁 먹어요. 이런 친구들은 예민하지는 않습니다. 그래서 단호함이 필요해요. 가정에서도 식사시간에는 바른 태도로 밥을 먹을 수 있도록 단호한 태도를 견지하실 필요가 있습니다.

Q 학부모 상담에 갔다가 우연히 아이의 사물함을 열어보았어요. 그런데 아이의 사물함이 그야말로 엉망진창이었습니다. 사실 집에서도 정리를 잘 못한다고 제게 꾸지람을 많이 듣는 편인데 학교에서는 안 그럴 것이라고 굳게 믿었거든요. 아이의 정리습관을 어떻게 하면 효과적으로 좋게 할 수 있을까요?

A 정리를 할 수 있는 시간을 확보해주어야 합니다. 평일에는 저녁 8시를 정리 타임으로 정하고 온 가족이 모두 정리하고 청소를 하는 겁니다. 아이는 아이대로 정리하고 청소하고, 엄마는 엄마대로, 아빠는 아빠대로 맡은 청소를 합니다.

아이에게 무조건 정리하라고 지시하지 말고 함께 해주세요. 또한 정리하는 방법을 아주 구체적으로 지시해줍니다. 이 물건은 어디에 놓아야 하고, 저 물건은 어떻게 정리해야 하는지를 알려주세요. 습관이 되면 더 이상 알려주지 않아도 될 만큼 정리능력이 향상된답니다. 그날이 오기 전까지는 구체적으로 일러주세요. '하루 한 번 정리하기'는 무조건 해야 하는 일이라는 생각이 들만큼 매일 정해진 시간에 정리해야 하는 것을 잊지 마세요.

Q 아이가 이리저리 너무 뛰어다닙니다. 마트에 가서도, 식당에 가서도, 또 길거리에서도 너무 정신없이 뛰어다녀요. 집안에서도 너무 많이 뛰니 아무리 매트를 깐다고 해도 층간소음을 겪을 아래층에 너무 미안한 마음이 듭니다. 아이가 좀 차분한 아이가 되었으면 하는 바람은 제 욕심인 걸까요?

A 아이가 가지고 있는 에너지가 굉장히 큰 것 같습니다. 추측해보건대 아이는 운동하는 것을 즐기고, 또 소질도 있을 것 같습니다. 그런데 훌륭한 운동선수들을 보면 삶의 모든 순간에 뜀박질을 하지 않습니다. 아이가 혹시 손흥민 선수를 좋아하나요? 그렇다면 손흥민 선수의 일상 모습을 보여주세요. 인터뷰 영상부터 보여줍시다. 손흥민 선수의 태도가 어떤가요? 차분하고 진중합니다.

진짜 자신의 에너지를 어디에 사용해야 하는지를 알고 분별력 있게 행동해야 합니다. 마트, 식당, 길거리 모두 공공장소입니다. 나의 에너지와 상관없이 공공장소에서는 예절과 매너가 먼저입니다. 단호하셔야 해요. 집도 마찬가지입니다. 아무리 내 집이라 하더라도 공공주택에서는 조심해야 하는 매너가 분명히 존재하지요. 아이가 좋아하는 인물의 매너 있는 모습을 이야기해주고 보여주면서 단호하게 설명하고 대처해주세요.

Q 알림장에 글씨가 엉망입니다. 일기장도, 문제집도, 학원교재도 아이의 글씨는 제가 봐도 너무 성의가 없고 본인도 잘 알아보지 못해요. 글씨 교본을 사서 연습을 시켜보려고 했는데 아이가 너무 완강히 거부합니다. 억지로 교본으로 연습을 해봤는데, 교본에는 너무 반듯하게 잘 써요. 그런데 교본이 아닌 다른 글씨는 정말 엉망입니다. 아이의 글씨 습관을 어떻게 잡아주어야 할까요?

A 글씨를 바르게 쓰지 못하는 아이 중에는 의외로 바르게 글씨 쓰는 법을 분명히 알고 있는 아이들이 많습니다. 아마 질문을 주신 분의 자녀도 바른 획순과 자형을 익히 알고 있는 것 같아요. 그런데 아이의 글씨가 엉망이라면 원인으로 추측해볼 수 있는 것이, 바른 글씨를 쓸 때에 시간이 너무 많이 소요가 된다는 점입니다. 아마도 아이의 연필 잡는 습관이 잘못 되었거나, 아니면 손아귀의 힘이 부족해서 그럴 수 있어요. 그러다 보면 바른 글씨를 쓰는 데에 너무 많은 시간과 에너지가 필요하니, 아이는 바른 글씨를 쓰고 싶지가 않은 것이지요.

간단하게 메모를 한다거나 낙서를 할 때까지 바른 글씨를 쓸 필요는 없어요. 하지만 알림장, 일기장은 바른 글씨가 꼭 필요한 상황입니다. 다른 사람이 알아볼 수 있어야 하는 필기이니까요. 아이의 모든 글씨가 바른 글씨여야 한다는 생각은 버리고 최소한 알림장과 일기장만큼은 바른 글씨로 써보자고 설득해주세요. 바른 글씨를 쓰려는 노력을 하다 보면, 운필력이 생겨서 저절로 속도도 빨라질 것입니다.

Q 아이가 스마트폰 게임에 빠진 것 같아요. 모든 일의 보상으로 스마트폰 게임을 요구하기도 하고, 틈만 나면 스마트폰을 가지고 방안으로 들어가버려요. 덕분에 책을 읽는 시간도 현저히 줄었습니다. 그리고 스마트폰 게임을 멈추게 하면 신경질적으로 반응해요. 웃어른에게 이렇게 신경질적인 반응을 보이는 아이가 아니었는데 가시 돋친 반응을 보이니 부모인 저도 너무 화가 나서 소리를 지르게 됩니다. 게임 습관을 어떻게 잡아주어야 할까요?

A 스마트폰 게임 자체는 잘못이 없습니다. 개인의 여가생활 방법으로 전 국민에게 자리잡은 것이 바로 스마트폰 게임이지요. 문제는 그것을 '적당히' 하는 태도입니다. 아이가 신경질적인 반응을 강하게 보인다고 하니 안타깝게도 아이는 이미 절제력을 상실한 것 같습니다.

이런 상태의 아이에게 스마트폰 게임 자체를 증오하듯 말하면서 억압적으로 이야기하면 아이는 스마트폰과 게임에 대해 더 강한 집착을 하게 됩니다. 하지 말라고 하면 더 하고 싶은 것이 인간의 심리잖아요. 솔직하게 이야기해주세요. 스마트폰과 게임이 잘못되었다고 생각하지는 않는다고요. 그렇지만 그것에만 매달리는 아이의 모습은 너무 속상하다고 말이지요.

함께 시간을 정해보는 건 어떨까요? 그리고 그 시간을 반드시 지킬 수 있도록 도와주고요. 이 책 1장에서 언급했듯 터닝 포인트 기법을 써보세요. 스마트폰을 바꿀 때, 스마트폰 게임을 아예 깔지 않거나 게임 시간을 새로 정하는 겁니다. 그 약속을 한 후 스마트폰을 바꿔주는 것이지요.

Q 아이가 책을 읽는 것은 참 좋아하는데 글을 쓰는 것은 너무 싫어해요. 그중에서도 독후감상문 쓰는 일은 정말 싫어합니다. 매주 한 편의 일기를 써야 하는데 숙제를 해야 한다는 의무감에 쓰지, 일기쓰기의 재미를 전혀 느끼질 못해요. 그러다 보니 제가 신경써주지 않으면 초등학교 3학년 일기 장답지 않게 3~4줄로 끝내버리고 맙니다. 일기 쓰는 습관을 어떻게 지도해야 할까요?

A 말을 많이 하게 해주세요. 때로는 녹음을 하는 것도 방법입니다. 여행을 가서 일기를 써보셨나요? 아이들이 여행을 떠날 때 일기장을 가지고 가자고 하면 아마 많이 거부할 것입니다. 여행지에서 가장 즐거운 순간, 예를 들면 물놀이하고 잠깐 쉬러 나온 순간의 심정을 스마트폰을 사용해서 녹음해보세요. 정말 생생하게 살아 있는 멘트들이 저장됩니다. 그리고 일기를 쓸 때에는 내가 했던 말을 따옴표로 집어넣는 겁니다. 그럼 살아 있는 글이 되지요.

글쓰기의 시작은 말입니다. 말이 많아야 글도 길어져요. 말과 글이 일치할 때 우리는 그 글을 재미있다고 느끼고, 생동감 있고 살아있다고 느낍니다.

말을 많이 하게 해주고 엄마(아빠)는 아이들의 말을 많이 기억했다가 일기를 쓸 때 소스로 제공해주세요. 우리 아이가 글벙어리가 되지 않는 길은 말부터 많이 해보는 경험입니다.

Q 저희 아이는 불평과 불만이 많아서 이리저리 핑계를 많이 대곤 합니다. 특히 부모에 대해 불평불만을 많이 하는 편입니다. 예를 들어 자신이 그림을 잘 그리지 못하는 것은 부모님이 미술학원을 보내주지 않기 때문이라고 합니다. 키가 작은 이유도 엄마, 아빠 때문이라고 해요. 최근에는 이미 스마트폰이 있으면서도 새 스마트폰을 사달라고 해서 안 된다고 했더니 자신이 따돌림을 당하게 되면 모두 엄마, 아빠 탓이라고 하더군요. 자꾸 핑계를 대고 남을 탓하는 습관을 가진 아이는 어떻게 지도하는 것이 좋을까요?

A 부모가 언제나 좋은 환경을 만들어줄 수는 없습니다. 하지만 좋은 환경을 만들어주고자 최선을 다하지요. 그런데 어떤 아이들은 부모님에게 모든 것을 전부 다 받아야 한다고 생각해요. 아이의 옆에서 정신적인 힘을 더 전달해주어야겠습니다. 아이가 부모님에게 경제적인 풍족함을 탓하는 것은 사실 아이가 부모님으로부터 정신적인 지지와 응원, 위로와 공감을 받고 있지 못하다는 뜻과도 같습니다.

"부모는 아이와 한 배를 탄 좋은 벗이 되어 그저 '믿음의 침묵'으로 지켜보고 삶으로 보여주며 이 지구별 위를 잠시 동행하는 사이 아니겠는가"라는 박노해 시인의 글을 읽은 적이 있습니다. 동행자의 역할이 무엇일까요? 아이의 마음 씀씀이를 읽어주고 또 들어주고 나누는 것이지요. 아이와의 믿음, 신뢰를 먼저 회복하는 것이 급선무입니다.

Q 우리 아이는 너무나 승부의식이 강합니다. 지는 것을 누구보다 싫어하지요. 자신의 실패를 절대 인정하지 않아요. 불공평하고 불공정한 경기였다며 크게 항변합니다. 심판에게 어필하기도 하고요. 가끔은 심하게 화를 내기도 합니다. 분노를 이기지 못해서 울기까지 할 때도 있어요. 같은 팀이었던 친구들에게도 크게 화를 내니 아이들이 저희 아이와 같은 편이 되는 것을 두려워하기도 한다는 담임선생님의 이야기를 들었습니다. 이겨야 한다는 생각이 습관으로 자리잡힌 이런 아이는 어떻게 도와주어야 할까요?

A 조심스럽게 추측해보건대 아이에게는 이겼다고 우쭐한 경험이 아마도 많을 겁니다. 이겼다고 우쭐한 경험이 많으면 지는 것을 견디지 못하지요. 그렇지만 진정한 승자는 많은 패배도 겪어봐야 합니다. 이겼을 때 이긴 결과를 잘했다고 칭찬하지 말고 열심히 한 그 과정을 칭찬해주세요. "오, 오늘도 이겼어? 진짜 잘했다!"보다는, "오, 오늘도 열심히 했구나? 열심히 하니 너무 자랑스러워"라고 칭찬해주고, 졌을 때도 똑같이 칭찬해줍니다.
그리고 혹시 아이가 평소에 어떤 분야에 열등감이나 피해의식을 가지고 있지 않은지도 살펴봐주세요. 어떤 분야에 과한 열등감이 있으면 상대적으로 자신이 자신 있는 영역에서는 무조건 이기려고 들 수 있으니까요.

Q 마음이 너무 여린 저희 아이는 눈물이 많습니다. 한 번 울면 잘 그치지도 않아요. 작은 일에도 눈물 흘리는 일이 잦다 보니 친구들에게서 오해를 사기도 합니다. "쟤는 일부러 우는 것 같지 않아?"라고요. "쟤 또 운다"라는 말도 듣고요. 아이가 좀 강해져서 눈물 흘리지 않고 또박또박 자기 감정을 이야기하는 습관을 길렀으면 좋겠어요. 저희 부부는 전혀 그러지 않는데 아이가 마음이 여리니 어떻게 대해주어야 할지 모르겠어요.

A 네, 학교에서도 종종 눈물이 많은 아이를 만나곤 합니다. 눈물이 많은 아이들은 기질적으로 예민한 경우가 많습니다. 쉽게 말하면 감수성이 예민한 편인 것이지요. 흐르는 눈물을 참는 것처럼 힘든 일이 어디 있겠습니까? 사실 아이들도 울고 싶어서 우는 것이 아닙니다. 참을 수만 있다면 몹시 참고 싶을 겁니다.

그런데 도저히 참을 수가 없는 것입니다. 이것은 연습으로도 잘 되지 않습니다. 우리 어른 중에서도 눈물이 유독 많은 사람이 있잖아요. 중요한 건 눈물이 많은 아이를 신경질적으로 혼내지 않는 태도입니다.

눈물을 흘리는 아이는 자신이 부끄럽지 않을까요? "어머나, 쟤 또 운다"라는 친구들의 말과 눈빛을 울고 있는 당사자도 사실은 느끼고 있습니다. 몹시 부끄러울 거예요. 이미 스스로 부끄러운 아이에게 부모가 2번 상처를 줄 필요는 없습니다.

저 같은 경우에는 교실에서 눈물이 터진 아이들을 처음에는 달래주지만 너무 길어지면 울음을 다 쏟아내게 그냥 두는 편입니다. 아이들과도 잠시 떨어져서 휴식공간에서 혼자서 마음이 진정될 때까지 기다려주는 편입니다. 나머지 아이들에게는 누구나 눈물은 흐를 수 있는 것이고, 그것이 전혀 이상한 것이 아니라고 일러줍니다. 조급해할 필요는 없습니다. 아이도 자라면서 눈물을 조절할 능력이 조금씩 생겨날 거예요.

Q 문제집을 풀 때 사소한 실수가 너무 잦습니다. 어려운 문제는 오히려 맞추는데, 쉬운 문제에서 자꾸만 틀려요. 아무래도 문제를 끝까지 읽는 것 같지 않아요. 문제를 대충 읽고 빨리 끝내버리려는 아이의 습관을 어떻게 고쳐줄 수 있을까요?

A 성격이 급한 아이들은 자신에게 주어진 모든 과제를 빨리 해치워버리려는 습관이 있습니다. 문제집도 마찬가지입니다. 오늘 두 쪽을 풀어야 한다면 일단 빨리 풀어버리고 놀고 싶어 하지요. 당연히 실수가 잦을 수밖에 없습니다. 문제를 소리 내어 읽게 하세요. 소리를 내어서 읽으면 문제를 끝까지 읽을 수 있고, 주의 집중 효과가 있어서 이해도가 높아집니다.

또한 학습량이 과하게 많은 아이들에게서 이런 현상이 종종 발견된답니다. 할 과제가 많으니 시간을 단축하고자 문제를 설렁설렁 읽게 되는 것이지요. 풀어야 할 문제 수를 줄이는 대신, 확실하게 풀어보는 쪽으로 패턴을 바꿔보는 건 어떨까요?

Q 초등학교 1학년 아이가 학원 욕심이 상당히 많습니다. 친한 친구가 영어 학원을 다닌다고 하니 영어 학원을 보내달라고 해서 등록해주었습니다. 방과후학교 수강신청 기간이라 학교에서 많은 팸플릿을 받아왔는데, 또 컴퓨터교실을 추가해서 다니고 싶다고 제발 시켜달라고 난리입니다. 이미 하루 스케줄이 빡빡하다고 느껴져서 저는 안 했으면 좋겠고요. 무조건 다 들어줄 수도 없고 어떻게 해야 할까요?

A 아이가 호기심과 배우고자 하는 의지, 승부욕이 강한 성격을 타고난 것 같습니다. 매사에 의욕적이니 자기 주도적으로 자기가 하고 싶은 일을 직접 찾아서 해내고야 마는 성격이네요. 일단 다른 아이들에 비해서 수동적이지 않고, 자기 삶을 능동적으로 헤쳐 나가는 부분은 부모님이 칭찬을 많이 해주면 좋겠습니다.

하지만 아이의 관심 분야가 다양한 만큼 깊이 파고드는 공부를 하는 것이 어려우므로 부모님의 도움이 어느 정도 필요합니다. 용두사미가 되지 않도록 반드시 배우는 것을 꼭 끝맺음하고 다른 분야를 새로 시작할 수 있는 습관이 필요합니다. 무언가를 시작할 때에는 어떤 자세로, 얼마만큼 오랫동안 지속해 배울 것인지 이야기를 나눠야 합니다. 또한 이것을 배우는 목표가 무엇인지 분명히 이야기를 나누고, 중간에 포기하지 않는 것을 큰 조건으로 삼아야 합니다. 혹시 친구를 따라서 그것을 배우려고 하거나, 그만두려고 하는지도 살펴볼 필요가 있습니다.

Q 유치원 때까지는 이런 적이 없었는데 초등학교에 올라가니 아이의 머리가 굵어졌다고 느낍니다. 아이가 제 말에 자꾸 말대꾸를 합니다. 특히 제 심기를 건드리는 말은 "엄마는 알지도 못하면서!" "엄마가 뭘 안다고 그래?"라고 이야기하는 겁니다. 화도 내보고 혼도 내봤는데 그때뿐이고, 비슷한 상황이 오면 또 입을 삐쭉거리고 눈을 흘기면서 저런 말을 합니다. 습관이 더 되지 않도록 고쳐주고 싶은데 어떻게 해야 할까요?

A 이 책의 3장과 관련된 질문이군요. 3장을 일단 면밀히 다시 정독해주면 도움이 되리라 믿습니다. 여기에서는 질문이 구체적이니 조금 더 구체적으로 조언을 해보겠습니다. 아이에게 그런 말을 듣는 순간 기분이 어땠나요? 사랑하는 내 아이에게서 그런 말을 들으니 무척 속상하고 충격적이기도 했을 겁니다. 여러 번 반복되니 나중에는 화도 났을 거예요.

이런 마음을 솔직히 이야기하는 건 어떨까요? 저라면 아이의 두 눈을 바라보고 제 마음을 솔직히 이야기할 것 같습니다. 너무 속상했고 슬펐고 충격적이었다고요. 여러 번 들으니 화도 났고 짜증도 났다고요. 사랑하는 딸에게서 그런 말을 더 이상 듣고 싶지 않다고요. 그리고 물어보는 겁니다. 혹시 엄마도 너에게 그렇게 말로 상처 준 적이 있느냐고요. 혹시 있다고 하면 엄마도 사과합니다. 진솔하게 마음을 나누는 대화가 말로 인한 서로의 상처를 씻어줄 거예요.